PARIS. TYP. PLON-NOURRIT ET Cie, 8, RUE GARANCIÈRE. — 1648

SAINTE-BEUVE

INCONNU

DU MÊME AUTEUR

OUVRAGES COURONNÉS PAR L'ACADÉMIE FRANÇAISE

Histoire des œuvres de H. de Balzac. 3e édition. In-8°. Librairie Calmann Lévy. — Épuisé.

Un Dernier Chapitre de l'Histoire des œuvres de H. de Balzac. In-8°. Librairie Dentu (Ollendorff).

Histoire des œuvres de Théophile Gautier. 2 vol. in-8°. Librairie Charpentier (Fasquelle).

Un Roman d'amour. 2e édition. In-12. Librairie Calmann Lévy.

Autour de Honoré de Balzac. 2e édition. In-12. Librairie Calmann Lévy.

AUTRES OUVRAGES

Le Rocher de Sisyphe. 2e édition, accompagnée d'une lettre de M. A. Dumas fils. In-12. Librairie Charpentier (Fasquelle).

Les Lundis d'un chercheur. 2e édition. In-12. Librairie Calmann Lévy.

La Véritable Histoire de : « *Elle et Lui.* » 4e édition. In-12. Librairie Calmann Lévy.

Notules sur H. de Balzac. Broch. in-8°. Librairie H. Leclerc.

Poésies de Th. Gautier mises en musique. Broch. in-8°. Librairie H. Leclerc.

Sous presse ou en préparation :

Histoire des Œuvres de H. de Balzac. 4e édition. — Définitive. — Entièrement refondue, revue, corrigée, et considérablement augmentée. 2 vol.

Études balzaciennes : Une Page perdue. 1 vol.

— **La Genèse d'un roman** (*Les Paysans*). 1 vol.

Fragments et mélanges posthumes de H. de Balzac.

Histoire des œuvres de George Sand.

Vte DE SPOELBERCH DE LOVENJOUL

SAINTE-BEUVE INCONNU

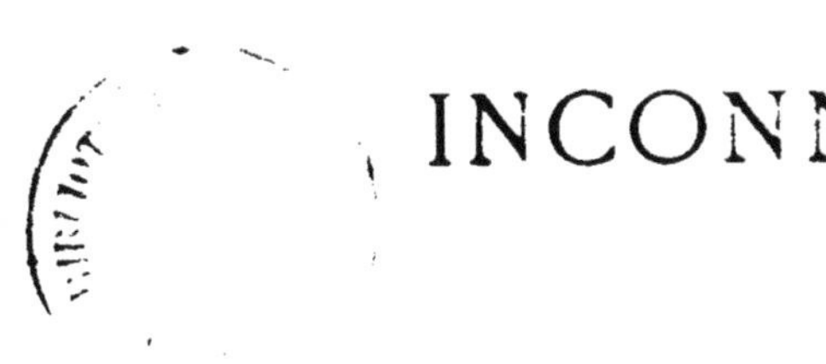

PARIS
LIBRAIRIE PLON
PLON-NOURRIT et Cie, IMPRIMEURS-ÉDITEURS
RUE GARANCIÈRE, 8

1901

AVERTISSEMENT

Si nous avons intitulé ce volume *Sainte-Beuve inconnu*, ce n'est point, empressons-nous de le dire, qu'il révèle un Sainte-Beuve nouveau, ni qu'il dévoile des faits ignorés relatifs à sa carrière publique, non plus qu'à sa vie privée.

Nous avons uniquement choisi ce titre parce qu'il nous a semblé convenir à la réunion d'un certain nombre de pages inédites ou perdues du maître, suivies des lettres qui lui furent adressées par Mme Desbordes-Valmore. Ces lettres sont vraiment touchantes, car elles témoignent, chez l'auteur de *Joseph Delorme,* de sentiments très élevés et d'impressions émues d'une particulière délicatesse.

Mai 1900.

I

SON PREMIER ROMAN

— ARTHUR —

Lorsqu'on étudie de près la plupart des personnalités du groupe romantique, l'on a dès aujourd'hui quelque peine à se mettre à l'unisson des sentiments, des idées, et surtout de la forme que le plus grand nombre d'entre elles ont employée pour les exprimer.

L'outrance continuelle, la violente exaltation naturelle, communes à tout le cénacle de 1830, qui déjà nous semblent à l'heure présente si fausses et si jouées, ne sont néanmoins le plus souvent que l'expression sincère d'impressions réelles. Il est donc fort à craindre que, dans peu d'années, nul ne puisse plus reconstituer par la pensée le cadre intellectuel du romantisme naissant, et moins encore les états d'âme de ses adeptes, états d'âme si différents des nôtres!

Sous la Restauration, le lyrisme était dans l'air; la jeunesse littéraire de cette époque aurait cru déshonorer sa plume en ne prenant pas pour diapason de son style les exagérations les plus échevelées et les formules les plus extrêmes.

Si les classiques, pour éviter le mot propre, avaient abusé de la périphrase, les romantiques ne revinrent pas davantage à la simplicité. Leur convention fut autre, voilà tout. Il faut reconnaître cependant qu'ils étaient plus près de la vérité en analysant d'ordinaire dans une langue exagérée des impressions ou des faits dont, à leurs yeux, la réalité n'était pas moins excessive.

Ce n'est pas, d'ailleurs, chez tous les maîtres du romantisme que s'étale avec le plus d'excès cet abus de la phraséologie, mais bien plutôt chez tous les *poetæ minores* de cette révolution littéraire. Il suffit de parcourir la correspondance intime de l'un ou l'autre d'entre eux pour constater à quel point, — ainsi qu'il arrive du reste le plus souvent, — les disciples exagérèrent les défauts de leurs modèles, sans presque rien garder de leurs qualités.

L'un des premiers satellites de la nouvelle Pléiade, et pourtant à cette heure l'un des plus ignorés, fut Ulric Guttinguer. Au début du mouvement dont il se montra sur-le-champ l'ardent promoteur, la notoriété de ce poète normand balança celle des deux Deschamps, de Jules de Rességuier, de Fontaney et de tant d'autres, dont les œuvres et même les noms sont presque tous aussi inconnus que le sont, de nos jours, les œuvres et le nom de Guttinguer lui-même.

Et pourtant Alfred de Musset, en adressant à son ami Ulric le sonnet demeuré si longtemps célèbre, avait semblé promettre à ce nom une sorte d'immortalité littéraire !

Nous ne songions guère à observer de plus près la physionomie particulière de ce romantique d'antan, quand le hasard, en plaçant sous nos yeux tout ce qui subsiste des lettres qu'il écrivit à Sainte-Beuve, nous apprit sur les deux écrivains une particularité curieuse et fort peu connue.

En effet, cette correspondance révèle que *Volupté* n'est pas le premier roman écrit par Sainte-Beuve. Celui-ci, sous l'inspiration d'Ulric Guttinguer, avait antérieurement commencé un autre récit, dont il a parlé lui-même dans une étude sur l'*Arthur* du jeune auteur normand, étude insérée d'abord dans *la Revue des Deux Mondes*, numéro du 15 décembre 1836.

Or, cet *Arthur* était en réalité l'œuvre dont il s'agit ici. Projetée en commun, les deux amis devaient, à l'origine, l'écrire en colla boration. Mais des raisons diverses en retardèrent d'autant plus longtemps l'éclosion, qu'elle devait être tout particulièrement inspirée par certains épisodes, — voilés et changés de cadre, — de la vie même de Guttinguer.

Un jour vint cependant où ce dernier, surmontant ses longues hésitations, termina et publia seul l'ouvrage dont il s'occupait depuis si longtemps. Son apparition eut pour résultat de faire abandonner définitivement par Sainte-Beuve le travail analogue qu'il avait entrepris de son côté, travail déjà suspendu d'ailleurs depuis plusieurs années. Il se contenta donc, dans l'article sur *Arthur*, — qui se trouve aujourd'hui placé dans ses *Portraits contemporains,* — de faire en ces termes l'histoire du projet primitif :

« Moi-même, entré dans ses confidences d'alors (de Guttinguer), ému de ses souvenirs plus que des miens, j'ai rêvé avec lui, près de lui, sous ces ombrages qu'Arthur sait si bien décrire, un grand roman poétique, et qui était déjà commencé quand Juillet est venu pour toujours l'interrompre. C'était un de ces romans de loisir, et que la Restauration pouvait seule encadrer. Je demande d'en citer un passage, prose et vers, qui me semble fidèlement reproduire l'impression élégiaque sous laquelle j'avais conçu le héros. Ce héros, qui n'était autre qu'Arthur, qu'Ulric lui-même, s'exprimait ainsi dans le prélude du récit de cette passion dernière qui l'allait envahir, mais qui se dérobait encore sous un léger rideau de saules, au bord de son beau fleuve normand...

« Pour achever ces indiscrétions sur l'auteur d'*Arthur*, je dirai que, si celui de *Volupté* l'avait connu, il semblerait avoir songé à lui expressément dans le portrait de *l'ami de Normandie* (1). »

En imprimant pour la première fois en volume cette étude sur *Arthur*, — qui fut d'abord recueillie dans le tome quatre des *Portraits et critiques littéraires*, paru chez

(1) On n'a pas oublié que la première édition de *Volupté* ne porte aucun nom d'auteur.

Renduel en 1839, — Sainte-Beuve fit un nouvel emprunt à son œuvre inédite. Il est précédé de cette explication :

« Puisque j'ai remué ces feuilles oubliées, j'en tirerai encore un seul passage qui servira à encadrer une autre élégie. La passion qui va saisir le héros en est déjà aux préliminaires. C'est lui toujours qui raconte. »

Trois pièces de vers font partie de ce début de roman. Sainte-Beuve publia les deux premières non seulement dans les extraits de l'ouvrage cités par lui, mais encore dans ses *Poésies complètes*, où, plus tard, la troisième aussi fut introduite. Elles y portent pour titre : *Stances*, *Désir*, et : « *Oh! que son jeune cœur*, etc. »

Ces dernières strophes sont encore insérées, sans titre cette fois, dans : *Livre d'amour*, le rarissime recueil anonyme que Sainte-Beuve fit imprimer à quelques exemplaires en 1843. Elles y sont accompagnées de cette note :

« Fait non pour elle directement, mais dans sa pensée, et en déguisant la couleur de ses yeux ; ce devait être mis dans un roman. »

De même que *Volupté*, l'*Arthur* de Guttinguer ne devait porter aucun nom d'auteur. Tel était du moins le désir de celui-ci, qui, en raison des faits vrais racontés dans les pages de son œuvre, tenait à ce qu'elle parût d'une façon plus mystérieuse encore que n'avait été mis au jour le roman de Sainte-Beuve. Ce fut donc par suite d'une méprise, — quelque peu préparée par l'éditeur, si nous ne nous trompons, — que le nom de l'auteur, malgré son omission partout ailleurs, fut pourtant imprimé au dos du volume. Guttinguer ne s'en consola pas, car sa nature impressionnable redoutait souvent le grand jour et la complète publicité. Par suite de cette timidité particulière, il n'a pas signé tous ses ouvrages, et l'on peut facilement se rendre compte combien la paternité officielle de celui-ci lui fut pénible à supporter.

Chose bizarre, et celle-là totalement ignorée à cette heure, *Arthur*, publié à Paris chez Eugène Renduel, en décembre 1836, — daté de 1837, — avait déjà vu le jour à Rouen dès 1834, sous la forme d'un fort volume in-octavo, dont l'anonymat fut si scrupuleusement respecté que l'existence même de ce premier *Arthur* est demeurée complètement inconnue (1).

Cet ouvrage, d'ailleurs tout à fait dissemblable de son frère cadet, — l'édition parisienne, — ne fut sans doute jamais ce qu'on appelle réellement livré à la publicité. Portant l'indication de « troisième partie », quoique son impression n'ait été précédée par celle d'aucune autre, c'est en réalité un livre totalement différent du roman que, deux ans plus tard, édita Renduel, et dont celui qui nous occupe semble même n'être que le complément.

(1) Voir le numéro 5847 dans la *Bibliographie de la France* du 1er novembre 1834. L'ouvrage sortait de presses de l'imprimerie Périaux, à Rouen.

Lors de l'apparition, en 1836, de l'unique version de ce récit qui soit encore aujourd'hui connue de nom, ces faits ne furent relevés par personne. Dans son article sur l'œuvre, Sainte-Beuve lui-même, presque toujours si méticuleusement exact, n'y fit aucune allusion. Et pourtant les lettres de Guttinguer prouvent que le maître avait eu connaissance de l'*Arthur* de 1834.

Enfin, l'auteur de *Port-Royal*, quoique bien décidé à ne point achever son travail personnel, n'a pas détruit cependant le manuscrit commencé. Nous l'avons, en effet, retrouvé soigneusement joint aux *Cahiers* de ce journal écrit par lui, dont il a été souvent parlé depuis quelques années.

Presque autant que le style, le papier jauni, l'encre pâlie, l'écriture à peu près indéchiffrable de ce morceau, témoignent de sa date. Écrit, on l'a vu, avant juillet 1830, — au mois d'avril pour être précis, — ce n'est pas sans peine que nous sommes parvenu à en reconstituer le texte authentique. Encore, ne répondons-nous pas qu'il n'y ait peut-être dans notre version quelques mots inexactement déchiffrés. Du reste, c'est avec tant de difficulté que Sainte-Beuve avait, lui aussi, relu sa propre écriture, qu'au premier mot du vers vingt-quatre des *Stances* il a laissé subsister partout une faute sensible. En effet, on lit *exhalait* sur le manuscrit, au lieu d'*assemblait*, imprimé jusqu'ici à chaque édition ou citation de ces vers, quoique à la place indiquée ce dernier mot ne nous paraisse vraiment avoir aucun sens.

Tout inachevé que soit l'ouvrage du grand écrivain, il nous a semblé intéressant de mettre au jour, en son entier, ce qui subsiste de sa première œuvre d'imagination. Nous remercions donc très vivement ici M. Troubat, son héritier, de nous y avoir, en ces aimables termes, on ne peut plus gracieusement autorisé :

30 juin 1893.

« Cher Monsieur,

« En tout ce qui dépend de moi seul, vous avez mon autorisation d'avance. Vous pouvez donc publier ce fragment d'œuvre de Sainte-Beuve, qui devait paraître en collaboration avec Guttinguer. »

. . . .

3 juillet 1893.

« Cher Monsieur,

« Vous n'avez pas besoin d'autre autorisation que celle que vous avez bien voulu me demander pour publier ce fragment d'ébauche de Sainte-Beuve en collaboration avec Ulric Guttinguer. Toute autorisation qui dépend de moi vous est acquise. Voilà ce que j'ai voulu vous dire. »

. . . .

Il faut se rappeler en lisant les pages suivantes que l'auteur, né le 22 décembre 1804, avait seulement un peu plus de vingt-cinq ans lorsqu'il les écrivit ; puis, qu'il s'agit d'un premier jet, et non d'une œuvre revue et mise au point par l'auteur. Ceci explique les quelques incorrections qu'on y peut relever.

ARTHUR

I

Je passais l'autre jour à cheval le long de la grève, me rendant à ma forêt de Kereuc, qui n'est pas loin de Saint-Malo.

Il y avait eu un orage la veille, et l'océan encore ému, quoique apaisé à la surface, grondait au loin dans ses profondeurs. C'était mer basse. Un ardent soleil de juillet chassait à l'horizon le reste des gros nuages et séchait les galets sur le sable.

Je suivais tristement, aux flancs ravagés de la grève, la trace des flots qui l'avaient sillonnée, et qui s'étaient retirés. Puis, par moments, portant la main aux rides de mon front, je me disais :

« Là aussi, les Passions sont venues battre comme des flots et ont laissé trace en se retirant. Mon midi est sec et aride. Mais dans quelques heures l'océan baignera de nouveau sa plage, et, à moi, mes ondes taries ne reviendront pas !

« Passions ! Amour ! Amour indomptable et profond, qui donc a pu vous établir si avant au cœur de l'homme ? Quelle main a creusé vos abîmes et y a amassé vos tempêtes ? Qui vous a donné ce pouvoir inouï de tout dévorer en notre âme ? D'où vous vient-il, et d'où nous venez-vous ?

« Est-ce la société, qui par ses vices et son mauvais arrangement procure à ces sortes de Passions un tel empire, et les développe outre mesure au détriment de l'ordre et de la morale ?

« Ou bien, indépendamment de toute éducation et de tout état de société, les tenons-nous en naissant de notre cœur, de notre nature propre? Nous sont-elles transmises par le sang, comme des maladies originelles, et y a-t-il certaines organisations qui leur soient fatalement dévouées? »

Quand je suis calme, reposé au sein de la nature, quand mes souvenirs sommeillent et que ma raison se relève, je me dis :

« Non, l'homme ne saurait être ainsi prédestiné de toute nécessité à des fautes et à des crimes. C'est à lui-même, et non à Dieu, qu'il doit s'en prendre de ses égarements et de ses fureurs.

« Eh quoi? Il a laissé se perdre les principes invariables qui devraient le diriger dans la vie; dès longtemps il n'a plus recours aux bonnes disciplines, et la religion ne lui représente plus rien. Enfant, on l'élève mal, on l'instruit superficiellement. Il effleure avec dédain les trésors antiques pour se jeter plus vite dans les nouveautés les plus passagères. Son intelligence se promène sur toutes choses avec une curiosité vague, et par pur désir d'amusement. Quelques principes généraux de convenance sont les seules règles essentielles auxquelles il se range.

« Y a-t-il donc de quoi s'étonner après cela si, dans l'ardeur de l'âge, au sein de la fortune, du loisir et de l'ennui, quand souffle violemment la Passion, elle emporte du premier coup tous ces vains caprices, déchire et dévore tous ces ornements fragiles, tous ces voiles légers, et se déploie avec furie, comme un incendie dans une fête ?

« L'homme a besoin d'une éducation suivie et sérieuse, d'études, de principes, d'idées de religion et de devoir. Il faut l'armer de bonne heure, si l'on ne veut pas qu'il soit pris au dépourvu par le dérèglement. Il est destiné à aimer, et plus il aura un fonds de chaleur honnête et vertueuse, plus il aimera avec passion. Tout l'effort doit tendre à contenir cette passion dans l'ordre, et à la diriger sainement vers son objet. Ce que peut l'habitude des principes pour s'opposer aux mauvais commencements, même dans les naturels les plus exaltés, est incalculable. La raison, si on l'a rendue forte et vigilante, peut tout réprimer à l'origine. Ce n'est qu'à son défaut et par notre coupable indifférence morale que le mal se glisse en nous, grandit et nous perd. »

Voilà ce que je me dis aux heures de calme, quand je me promène, déjà vieux, par une belle matinée, sous l'ombre entremêlée des pins et des chênes, le long de la plage retentissante, et que je n'entends plus le bruit lointain du monde et des hommes.

Mais si quelque souvenir trop rapide a passé en moi, si l'image confuse du passé remue encore au fond de mon cœur, je retombe dans le doute et le chaos. Je ne vois plus par où j'aurais échappé à ma destinée, ni quel miracle de l'humaine raison aurait été capable de m'en garantir. Je m'en prends au sort, à ma nature, à mes sens, à la tendresse de ma chair, au feu de mes veines, et je suis malgré moi tenté de conclure que celui qui a pu dompter les Passions les ignore.

Sophisme ! Illusion ! car qui a aiguisé ces sens, amolli cette chair, enflammé ces veines, énervé et dépravé de bonne heure toute cette nature riche et sensible, sinon le relâchement de l'éducation, l'oisiveté rêveuse, et le manque d'un fonds solide d'études et de travaux ?

II

Ma famille avait émigré et ma première enfance fut errante.

Mon père et ma mère m'aimaient tendrement, mais je ne pus recevoir sous leurs yeux les premiers soins du foyer. Nous n'avions pas de foyer alors.

Nous rentrâmes en France un peu avant l'Empire. J'avais neuf ans, de l'esprit, de la facilité et une âme ouverte à toutes les impressions vives.

Nous nous fixâmes dans la ville d'A***, à une trentaine de lieues de la capitale.

Mon père fut, dès notre rentrée en France, forcé à de fréquents voyages pour recueillir quelques débris de fortune, et je restai presque entièrement livré à moi-même, avec mes sens, mon activité, et un vague besoin d'amour et de bonheur.

Mon père était un bon gentilhomme de province, probe, juste, modeste, de mœurs rigides, quoique d'une sensibilité charmante. Il s'était marié tard, et, comme sa vie avait été tempérée, il gardait sous des cheveux gris son énergie et sa chaleur de jeunesse. Bon, aimant par nature, il devenait terrible dans ses violences, qui étaient presque toujours sans objet.

Ma mère n'offrait que douceur, soumission, rien de brillant, peu d'esprit, peu de culture. C'était la bonté, la vertu même, s'il peut y avoir vertu dans l'absence totale de vices ou de défauts.

La facilité que je trouvais à tromper ma mère, me rendit menteur sur l'emploi de mon temps, paresseux et vagabond.

Nous passions les étés dans la terre de Villers-aux-Bois, à trois lieues d'A***. Je n'y revenais jamais sans émotion, et la vue de l'énorme tour ronde et à toit pointu qui dominait le bâtiment me fesait palpiter le cœur chaque fois que je la découvrais d'un peu loin, à travers les hautes futaies d'alentour.

C'est de là que, durant la saison, j'étendais mes courses dans tout le voisinage, tantôt seul, à pied, perdu en mille chimères, oubliant l'heure, le but, et allant chercher à près de deux lieues, pour y passer et repasser cent fois, je ne sais quel petit sentier que j'aimais; tantôt, — et c'étaient mes jours de gaieté, — mêlé aux gens de la ferme, monté sur un cheval de labour ou sur un chariot de blé, m'essayant à l'accent du patois, et stimulant la grosse joie des moissonneuses.

Mais ni cette compagnie bruyante, ni ces promenades solitaires ne me suffisaient plus. Je me sentais triste, je pleurais souvent, et par malheur je ne devinais que trop la cause de mes pleurs, l'objet de mes molles tristesses.

Déjà, dans les écoles d'enfants où sont confondus les deux sexes, j'avais maigri, j'avais pâli d'amour. J'avais écrit de tendres lettres à plus d'une petite fille de mon âge, et j'en avais trouvé qui m'avaient répondu, et on les avait vu pâlir et maigrir comme moi.

Une entre autres, une Suédoise, ma chère petite Mélanie, ne me pouvait sortir de la mémoire. J'avais été à côté d'elle à une école d'Altona, un an avant notre retour d'émigration. En vérité, il y eut vers ce temps-là des lettres surprises, d'un jargon moitié allemand, moitié français. Son petit panier de l'école en était plein. Elle fut mise en pénitence, au pain et à l'eau, et depuis nous ne nous sommes plus retrouvés.

Tous ces souvenirs fermentaient dans ma tête, et se retrouvaient dans mes songes, ou dans mes insomnies, avec une vivacité de couleur qui ne se voit qu'à cet âge. J'imaginais de merveilleux romans, je me mourais de désirs !

III

Nous avions pour voisins de campagne l'aimable famille de ***, et, quand nous y allions en visite, je n'avais de regards que pour Mlle Camille, blonde et timide enfant de dix ans.

Chaque printemps nouveau, c'était une vraie scène entre nous pour renouer connaissance. Elle n'osait d'abord, elle me traitait en étranger et se cachait dans le sein de sa mère. Puis, au bout d'une demi-heure, nous étions redevenus amis, camarades de l'an passé. Nous courions ensemble dans les bosquets, et il fallait nous en arracher au soir, tout enflammés de chaleur et de plaisir.

Souvent, dès le matin, je rôdais autour du clos, heureux d'apercevoir au-dessus d'une haie son chapeau de paille, plus heureux, quand j'étais vu, de la faire s'écrier et rougir de surprise.

IV

Cependant, les grands événements qui remplissaient le monde à cette époque arrivaient jusqu'à moi, et ne me laissaient pas indifférent.

Le dimanche, après la messe, que nous allions entendre à un gros bourg voisin, mon père me menait d'ordinaire chez le notaire de l'endroit, où se donnaient rendez-vous les gentilshommes des environs. On y causait des nouvelles de la semaine, des chances de la guerre. On y fesait de l'opposition à l'Empire. Je m'étonnais de cet acharnement contre Bonaparte et de ce mépris pour nos armes.

Il me semblait, à moi, dans mes jeunes idées, que l'ordre était partout rétabli et la France suffisamment glorieuse. J'écoutais dans un coin ces vieillards moroses avec une impatience mal comprimée, et, au sortir de là, je ne désirais rien tant que l'âge et un cheval pour voler à l'Empereur, et prendre part à nos victoires.

J'avais plus de douze ans. On me mit aux études dans un établissement de Pères de la Foi, près de la ville d'A***. La direction y était bonne ; j'y profitai beaucoup, et mon avidité d'apprendre suspendit quelque temps toutes mes autres inclinations.

C'est dans cette maison que *le Génie du Christianisme* me tomba pour la première fois entre les mains. L'édition était complète. *René*, qui s'y trouvait, me rejeta dans le trouble d'où je sortais à peine. J'y crus reconnaître trait pour trait mon image, et je fus effrayé de la ressemblance. Je passai mes récréations à le relire sous les sycomores de notre cour, jusqu'à ce qu'enfin mes pleurs me fesant remarquer, les surveillants m'arrachèrent le livre !

Il y avait des moments où, par un dégoût anticipé du monde, et une sorte d'effroi de l'avenir, j'aurais voulu ne sortir jamais de cette maison chrétienne, ne jamais quitter l'ombre de ces murs et de ce sanctuaire. Mon imagination, tendrement mystique, s'élevait dans la prière à des vœux de retraite et de sainteté. Pauvre enfant crédule, je me disais que j'étais déjà bien vieux par le cœur, que j'avais assez connu les Passions, et qu'il est bon d'être au port!

La seule carrière praticable alors était celle des armes. Mon père, supérieur à ses préjugés, n'avait pas de répugnance à me la voir suivre, même sous l'usurpateur.

On m'envoya à Paris, où, après dix-huit mois de travail sérieux, je fus reçu à l'école Polytechnique. Un nouveau monde, brillant et animé, allait s'ouvrir devant moi. J'y aspirais avec une joie pleine d'agitation, et, pour mieux m'en préparer l'entrée, je m'appliquai de toute mon âme à l'étude.

V

Après la première année, j'eus besoin d'un mois de repos, et je vins revoir ma mère, la ferme, le petit sentier et Mlle Camille. Mais cette fois il y eut du changement.

J'avais à peine, en effet, remarqué jusqu'alors la mère de Camille. Elle aurait pu être la mienne, et certes je ne me fusse jamais avisé d'espérer qu'elle serait un jour mieux pour moi.

Cependant, fraîche et belle encore, elle avait une bouche de dix-huit ans, des bras blancs et roses, qu'elle montrait volontiers, et beaucoup d'esprit qui s'échappait en étincelles par ses doux yeux. Moi, j'avais dix-sept ans.

Brûlant de désirs, j'étais timide. Je balbutiais, je rougissais auprès de Camille, qui ne trouvait pas de mots pour me répondre. Sa mère se chargea de m'enhardir.

Ce fut à la campagne, dans un grand jardin et sous de beaux arbres en fleurs, que j'entendis pour la première fois des discours dont je ne compris pas d'abord le but et la portée. Ils parlaient de sentiment, de passion, traitaient vaguement, et avec chasteté, des questions platoniques que j'avais peine à suivre, et qui me troublaient étrangement.

D'ordinaire, le texte de nos moralités était quelque lecture qu'on me fesait faire à demi-voix. Nous lisions ainsi, au fond des bosquets embaumés, *le Diable amoureux*, de Cazotte. Elle m'arrêtait sur les plus voluptueux endroits, et la flatteuse enchanteresse me louait de mon expression, de mon accent, et de deviner si bien à mon âge ce que je n'avais jamais senti. Et, au moment même, par le charme de cette parole insinuante, elle me fesait tout éprouver, tout sentir, et me consumait le cœur sous le feu de ses regards.

Quand elle m'avait de la sorte confondu et mis hors de moi, elle s'interrompait, me retirait brusquement le livre, et arrachant des roses aux touffes du bosquet, elle me les jetait à poignées avec de grands éclats, puis me les reprenait. Et c'étaient des fuites, des retours, le long des plus étroits sentiers, luttes interminables, où nos mains se tendaient, où s'effleuraient nos joues et se mêlaient nos haleines.

Le péril pour moi devenait grand, et dès que j'osai le croire un peu sérieux, je me gardai bien d'y résister.

Cet amour eut, en trois semaines, de prodigieux ravissements, des larmes, et des angoisses sans nombre.

Partagé entre l'innocence de Camille et les transports de sa mère, entre l'affection virginale et pudique de mes premières années et l'enivrant délire d'une passion adultère, je ressentais mille contradictions violentes. Je cédais, d'une heure à l'autre, aux caprices les plus bizarrement opposés. Il y avait des instants où un regard demi-voilé, une rougeur subite de la jeune fille, balançaient en moi tous les torrents de volupté de la femme coupable. Elle, à cette vue, redoublait d'artifices et de promesses. La jalousie l'aiguillonnait au plaisir. Elle y portait une inépuisable fraîcheur de sens et m'égarait de plus en plus en ses fureurs.

Une nuit, je m'en souviendrai toujours, une nuit, — c'était la dernière, et nous la passions ensemble, — la porte de sa chambre était entr'ouverte, donnant sur un long corridor, au bout duquel se trouvait l'appartement de sa fille. Tout à coup, au milieu de notre oubli, nous entendîmes la voix de Camille, qui, éveillée en sursaut par quelque bruit ou par un mauvais songe, appelait à grands cris sa mère.

Celle-ci, éperdue, s'élança à cette voix vengeresse, et, le doigt sur mes lèvres, m'imposa silence. Je me sentis glacé. Quelques minutes se passèrent, pendant qu'elle alla rassurer sa fille. Je demeurai seul dans les ténèbres, im mobile et sans oser respirer, comme un voyageur frappé de la foudre, et à qui l'éclair rapide a découvert l'abîme où il est tombé. Un moment, je crus entendre comme un frôlement de rideaux. Je pensai que la jeune fille s'était peut-être levée dans son effroi, et qu'elle venait demander asile à celle que je souillais. Mes cheveux se dressèrent!

Quand la mère revint, nous ne pûmes rien retrouver de sa folle ivresse. Une affreuse pensée s'était glissée entre nous, et nous soupirions tout bas après l'aurore!

VI

Le lendemain, j'étais en route pour Paris, où mes études me rappelaient. J'en tirai la distraction dont j'avais besoin, et, au bout de quelques mois d'application sévère, j'entrai dans l'artillerie.

Pendant les campagnes de 1813 et de 1814, les sentiments nationaux furent sans partage. Je n'eus de pensée et d'âme que pour la patrie et l'Empereur. L'invasion étrangère, l'abdication de Fontainebleau, la Restauration même, quelque intérêt que j'y pusse avoir, me remplirent de douleur.

Cette exaltation de jeune homme déplaisait

à ma famille, à mes amis, et nuisait à ma fortune. J'en pris mon parti, et j'envoyai ma démission.

1814 se passa pour moi aux champs, à m'affliger des calamités publiques, à lire, à réfléchir sur mille questions inquiétantes, à retrouver mes rêveries d'autrefois, à attendre les événements heureux.

Il m'en arriva un tel que toutes mes ambitions, toutes mes chimères, durent être comblées.

J'eus le bonheur, dans une visite un peu longue que je fis au château de la Houssaye, d'inspirer un attachement sérieux à l'une des plus riches héritières de la province que nous habitions.

Elle avait quinze ans. Délicate, sensible, passionnée, couvrant un grand fonds de raison sous les agréments les plus enchanteurs, orpheline et maîtresse de sa main, elle avait arrêté dans sa tête qu'elle ferait le bonheur d'un honnête homme.

Nos cœurs, nos esprits, nos rangs se convenaient, mais non pas nos fortunes. Les parents et les tuteurs firent des représentations, suggérèrent de meilleurs partis; on lui objectait mes opinions extravagantes, qui me fermaient les carrières où mon nom seul m'aurait porté.

Elle ne pouvait se marier avant l'âge de dix-huit ans, et il était probable qu'il faudrait même attendre la grande majorité.

Cela ne nous découragea point. Durant près de trois années nous luttâmes contre une société envieuse, nous entretînmes la plus délicate liaison de cœur, à travers les sottes prétentions de toute une gentilhommerie de province.

Les Cent-Jours me mirent un moment sur un autre pied parmi ce monde. On revenait à moi, on me caressait, on me fesait la cour. J'avais repris du service avec un grade supérieur, et je semblais marcher à la plus brillante destinée militaire. Waterloo renversa ces espérances, et il me fallut recommencer contre mes ennuyeux rivaux la même petite guerre que devant.

J'obtins un triomphe complet. L'amour d'une jeune fille surmonte tous les obstacles, écarte toutes les séductions, et je fus marié, et je fus riche, et l'envie se tut. Je me croyais établi dans le bonheur pour le reste de ma vie.

Mais nous avions trop souffert. La patience et la dissimulation de ces trois années avaient aigri nos humeurs, altéré nos caractères. L'excès des émotions passionnées m'avait rendu violent et irritable. Et puis, j'avais trop peu d'expérience. J'administrai légèrement notre fortune. Nous eûmes de longs et pénibles procès. Tout alla assez mal d'abord, comme il arrive aux enfants dans les jeux dont ils se promettent le plus de plaisir.

Le chagrin nous rendit un peu de raison, et ma femme, la première, m'y ramena par ses conseils. Nous nous étudiâmes ; nous devînmes plus modérés, plus économes. Deux petites filles charmantes qu'elle me donna dans les commencements de notre mariage en resserrèrent l'union, et nous accoutumèrent au bonheur domestique.

Notre vie s'ordonnait. J'étais sage et fidèle, oh! religieusement fidèle, quoi qu'on en ait pu dire, et quoi qu'il m'en ait coûté! La vue du monde ne laissait pas de me causer de continuelles et vagues inquiétudes. Toutes les femmes troublaient comme autrefois mon cœur par leur voix et par leur approche. Il me semblait que je n'avais pas encore été assez aimé, que je n'avais pas encore assez ressenti d'agitations et d'orages pour me pouvoir accommoder sans regret de cette félicité paisible dont je jouissais.

J'étouffais de mon mieux ces révoltes coupables, mais involontaires, en m'occupant avec ardeur de choses sérieuses, de nos affaires, des matières politiques, et je commençais à obtenir de la sorte une habitude d'empire sur moi-même, quand ma femme, mourant tout-à-coup dans mes bras, après quelques mois de dépérissement, me laissa au désespoir, sans bien, et au milieu de mes bonnes résolutions à peine établies.

VII

Mon affliction fut longue, profonde et sincère. Tous ceux qui me voyaient alors doutaient que ma vie y pût résister.

La pensée de mes chères petites filles me soutint. Madame de ***, ma cousine, ou plutôt ma sœur par l'amitié et le dévouement, voulut bien se charger de leur éducation, et leur tenir lieu de mère.

Ces deux innocentes petites créatures, dont l'aînée avait près de sept ans, comprenaient déjà ma douleur, et par mille empressements ingénus essayèrent de l'endormir.

Mon père aussi m'attachait à la vie, mon père, à qui sa fortune médiocre, encore récemment ébranlée par des pertes, ne pouvait plus suffire, et que j'avais recueilli dans ma maison, avec mon excellente mère, pour qu'ils y fermassent les yeux en paix, au milieu de mes soins et entre mes bras. Jusqu'à mon dernier jour je me souviendrai de l'impression douce et religieuse que ce vertueux homme produisait sur moi. Mais avant l'excès de mes derniers malheurs, c'était une adoration ; le toucher de sa main, le son de sa voix me fesaient tressaillir et pleurer.

Je passai ainsi une année en famille, à ma terre de la Luzellerie, dans les larmes, dans la solitude, formant des projets de retraite studieuse et austère, revenant à la religion, me nourrissant comme d'une manne de cette divine poésie de Lamartine, qui était alors dans sa plus fraîche nouveauté.

Par malheur, le temps qui, peu à peu, assoupissait ma douleur, fesait évanouir aussi mes pensées salutaires.

Un jour, après un hiver de langueur et de

deuil, la santé, la confiance et la jeunesse me revinrent à la fois. J'avais trente ans, ma liberté, une situation complète. Le monde me reprit. Je m'y laissai aller en plein, et avec le secret de mes avantages.

Ce ne furent d'abord que liaisons légères, échappées galantes d'une âme qui se dissipe et se répand à plaisir. Mais bientôt le caprice l'emporta, les penchants n'eurent plus de frein. Mes goûts, mes imaginations se croisèrent, et tout cela pêle-mêle et rapide, sans suite ni sérieux, brillant, varié, partout, à Paris, en province, dans les salons, et quelquefois à côté!

Si je n'éprouvai guère alors de passion profonde, je réussis trop bien à en inspirer, et là où je m'y serais le moins attendu.

Oui, indigne et frivole que j'étais, il m'arriva d'être violemment aimé. La tombe renferme deux cœurs de jeunes filles, d'humble condition, qui souffrirent beaucoup, se plaignirent peu, et que j'aurais ménagés si je les avais mieux connus. Mais tant d'indifférents, tant d'amis, vous crient : « *On se console, on ne meurt pas !* » Il est si naturel de croire faiblement à l'amour quand on aime faiblement soi-même ! On a si peu de pitié de la pauvre créature résignée, qui vit dans l'ombre et loin du train du monde ! Elle n'est pas notre égale ; on se persuade qu'elle ne peut nous comprendre, que son attache à nous est pure vanité, et que rien ne se brisera dans son être si nous le délaissons ! D'ailleurs, la richesse parée a tant de dédain et d'épigrammes, qu'on a la sottise de craindre le ridicule, même dans les courts éclairs du bonheur !

VIII

Pauvres cœurs cléments qui dormez sous les gazons d'un cimetière de campagne, s'il vous fallait de la vengeance, vous êtes bien vengés aujourd'hui que j'ai senti à mon tour l'abandon et le délaissement! Vous l'étiez dès lors par les dévorantes ardeurs et les poisons que me versaient tant d'autres rivales à qui je vous sacrifiais, beautés cruelles et triomphantes sous les diamants et sous les fleurs! Elle, surtout, la sombre, la passionnée, la capricieuse et misérable Sophie!

Plus j'y pense, plus j'imagine que cette femme m'a perdu, et qu'elle fut véritablement mon premier pas vers le mal.

Malgré des fautes trop nombreuses et tant d'emportements, j'étais pur encore, j'étais innocent, comparé à l'homme tel qu'elle l'a fait, tel qu'il est sorti d'entre ses bras. O dépravée! D'où lui venait cette science d'effrayants mystères, au-dessus des forces de la pensée? Quel démon lui avait appris à enivrer, à égarer la décente et divine volupté, et à la précipiter jusqu'aux enfers? Son cœur odieux était si loin de ses sens! Elle savait si bien faire acheter ses faveurs par des caprices, et désoler l'amour après l'avoir couronné! Coquette avec profondeur, elle troublait si malicieusement la vie qu'elle avait tout à l'heure comblée de joies infernales et célestes, qu'il me fut encore possible de m'arracher à elle et de l'oublier.

Mais je gardai ses révélations fabuleuses; mais je lui devais le secret d'un philtre qui a tout consumé; mais, plus tard, lorsque j'eus fait passer à l'être le meilleur, le plus sensible, le plus aimant que le ciel ait marqué entre les femmes, les richesses, le désir et la frénésie que ce sang africain avait jetés dans le mien, nous atteignîmes un point du ciel où il semble que la foudre nous ait frappés.

Nous roulâmes d'abîmes en abîmes. Au milieu des sentiments les plus tendres, des épanchements les plus fidèles, de la sympathie la plus harmonieuse, notre imagination insensée déchaînait les plaisirs aigus inextinguibles, qui nous traversaient douloureusement et de poignards et d'éclairs !

Au plus fort de ces transes inouïes, je conçus la possibilité de tous les crimes !... O malheur! malheur ! Toute proportion d'idées fut détruite en nous, tout équilibre renversé en nos âmes. Il n'y eut plus moyen de passer une heure dans les habitudes, dans les devoirs, dans les sentiments ordinaires et naturels de la vie. La présence, la présence, toujours la présence de l'amante et de l'amant ! Et, chaque minute, chaque regard, chaque parole, redoublaient, pour l'un et pour l'autre, l'épouvantable besoin !

Désastreuse et criminelle existence, que vous nous avez laissé de jours arides à dévorer, si nous sommes condamnés à vivre !

IX

Je voudrais en vain m'arrêter ici, me reposer sur quelques douces faiblesses, que je fis vers ce temps partager à plusieurs femmes trop vite oubliées, les unes que je n'ai plus revues depuis, les autres que je retrouve encore parfois dans le monde, et auxquelles je serre silencieusement la main avec reconnaissance. Mais, outre que parmi ces flammes évanouies il en est de si précieuses et discrètes qu'elles ne doivent jamais être révélées, presque tout cela, il faut bien l'avouer, s'est allé perdre maintenant pour moi dans un seul et désespéré souvenir.

C'est en me replongeant dans ce souvenir

unique que, par moments, je suis tenté de croire, pour les âmes passionnées, à l'influence des signes et des astres, à l'entraînement d'une fatalité irrésistible.

Mes opinions politiques, hautement déclarées, et ma conduite marquée en 1815 m'avaient tenu assez en dehors de la noblesse de province, et m'avaient de plus en plus rapproché de la société du haut commerce et de la haute fabrique de la ville que j'habitais. Les maris y étaient insignifiants et occupés; mais les femmes, là comme ailleurs, jolies, vives et coquettes. Je n'en voulais pas davantage, et, par ma galanterie empressée, par les frais d'esprit que je fesais pour plaire, j'étais bientôt devenu fort à la mode dans ce monde.

Vingt fois j'y avais rencontré madame H***, sans penser à autre chose, sinon qu'elle était assurément désirable. Mais j'aimais autre part, et en beaucoup d'endroits. Toutes mes heures étaient prises. Et puis mes fréquents voyages et mes longs séjours à Paris s'opposaient, dès le début, à une liaison suivie entre nous. Je la retrouvais avec plaisir dans une soirée, dans une partie de campagne ; mais nous n'avions rien de particulier à nous dire.

J'avais quelquefois essayé de lui tenir des discours aimables, auxquels elle avait souri, par accès, avec une sorte de complaisance. Plus souvent, y découvrant une certaine banalité, elle y avait répondu avec brusquerie.

Alors, j'en avais pour un mois sans lui parler. Je l'oubliais à peu près complètement, et je ne m'attachais plus qu'à poursuivre mes amours préférés, dans les salons de la province ou de la capitale.

X

Blonde, et d'une blancheur tendrement animée, avec une taille élancée et de déesse, un cou pur et gracieux, de longs bras sans cesse agités et remuants à plaisir, une voix ferme, un peu dure, un regard bleu, un peu cru, — regard et voix qu'amour a depuis amollis en d'inexprimables douceurs! — madame Elyse H*** passait alors pour légère, évaporée, bruyante; elle paraissait entièrement étrangère aux réflexions de l'âme, aux délicates jouissances de la pensée; elle aimait les plaisirs, mais les plaisirs qui font pitié, c'est-à-dire qu'elle aimait à danser, sans préférer un danseur à un autre, à courir de campagne en campagne, sans se sentir émue par le murmure des belles eaux où la fraîcheur des ombrages, à se vêtir d'étoffes fines ou brillantes, à se trouver assise à un festin où il y a de longs moments de silence ou de turbulents éclats de gaîté; médiocres et sots plaisirs, qui conduisent trop souvent à un sensualisme matériel pire que les passions, mais qui peuvent aussi laisser l'innocence, une paisible liberté, un grand repos au cœur!

Cependant, une saison que je la rencontrai plus fréquemment qu'à l'ordinaire, il me sembla trop ridicule de la trouver jolie sans le lui déclarer, et de la désirer tant soit peu sans l'obtenir.

D'autres motifs, plus misérables encore que la fatuité, se mêlèrent à mon caprice, et m'y confirmèrent par un faux air de raison.

Elle habitait A***, où j'avais mon foyer, mes arbres et mes enfants. Je pouvais la retrouver chaque jour dans le monde qu'elle fréquentait le plus, et que je commençais à rechercher davantage à cause d'elle. Assez las de mes déplacements sans fin, épris d'une profonde et sérieuse tendresse pour mes filles, me croyant faiblement aimé de mes maîtresses, j'en vins à penser qu'un amour en province serait bien mieux à ma convenance, qu'en le menant avec modération je pourrais à la fois jouir de ses douceurs et de la société de mes enfants, pour qui j'étais une fête continuelle.

Imprudent, je croyais diriger le cours de mes sentiments par les mêmes calculs qui président à l'arrangement des intérêts plus vulgaires! Insensé, je voulais rapprocher sans confusion le sacré du profane, mener de front paisiblement le désordre et le devoir, respirer le parfum de la fleur sans tache, et ne rien perdre de la saveur du fruit corrompu!

XI

L'avouerai-je pourtant? Je n'étais pas malheureux alors. Je commençais à me fatiguer du tourbillon où mon inconstance m'avait entraîné, et à croire qu'il était temps de songer à une demi-retraite.

Malgré la noirceur de bien des maux que j'avais causés, et l'ombre mortelle que j'avais répandue sur des fronts innocents, mes chagrins de cœur avaient pris cette teinte légère et suave, qui ne fait qu'adoucir à nos regards l'éclat des objets d'alentour, et nous disposer au charme des rêveries. Je me dissimulais l'énormité de mes torts, et, si j'osais m'en avouer quelques-uns, je trouvais une certaine douceur à les pleurer et à m'en repentir.

De plus, je me figurais avoir suffisamment aimé, être allé aussi loin qu'aucun homme à travers les Passions et au plus fort de leurs orages, et cette idée, bien que mêlée à la perte de beaucoup d'illusions, me donnait une sorte de contentement intime, comme au voyageur qui a voulu tout voir et qui est revenu.

J'ignorais encore, j'ignorais, hélas! qu'il est un amour plus violent, plus vrai, plus accablant que tous les autres, et qui les chasse devant lui de ses rayons comme des vapeurs du matin; un amour unique, excessif, irrémédiable, au-delà duquel il n'y en a plus : l'amour des dernières années, l'amour d'environ trente ans, plus ou moins, en qui s'accumulent et s'abîment à jamais toutes nos facultés et toute notre vie, celui qui ressemble le plus à un désespoir, la dernière flamme, les derniers chants, le dernier cri de la jeunesse expirante!

Je ne l'avais pas éprouvé, cet amour, et on ne le devine pas. Peu de gens y passent.

Beaucoup s'arrêtent ou s'égarent en chemin; les uns, usés par les frivolités, les autres, empêchés dans les vices, ont laissé dépérir en eux la noble faculté d'aimer !

Avant de tomber à cet âge fatal, bien heureux et bien rares sont ceux qui, de bonne heure fixés sur un digne objet, ont fidèlement enchaîné leur âme en un cercle d'affections légitimes ; qui n'ont aimé qu'une fois, à vingt ans, et pour la vie; qui, sages et prévoyants dès leur jeunesse, se sont hâtés de creuser un lit profond et d'élever des digues avant même de craindre que le débordement pût les gagner !

Heureux aussi ceux qui, arrivés dans les dissipations et les fautes à l'âge où j'étais alors, sitôt que là le dégoût commence, et, au lieu de se laisser bercer à de vagues ennuis, retrouvent en eux-mêmes des souvenirs sévères, des principes ineffaçables, qui les réveillent sans pitié avant la dernière épreuve, et les arrachent du bord de l'écueil qu'ils ne soupçonnaient même pas !

XII

C'est ce que je ne sus pas faire, et, au fond, je ne l'aurais pas voulu.

Je me plaisais à mes maux, à mes pleurs, au faible murmure de mon repentir. Mon léger dégoût des choses était presque un plaisir de vanité pour moi, parce qu'il semblait m'avertir que j'avais tout goûté.

Sage comme je m'imaginais l'être, je n'avais plus d'autre vœu qu'une société choisie et moins éparse, ma famille, la campagne sans l'isolement, quelques livres, surtout la poésie, celle qui répondait à mes besoins, à mes sentiments, et çà et là, encore, non loin de moi, quelque liaison délicate et tendre, pour achever d'aimer.

Voilà ce que me fesait inventer de chimérique, comme réforme et premier retour au bien, une morale riante, toute mondaine, rigide en honneur, en amitié, mais sur le reste accommodante et fragile.

Je trouve dans les poésies que je laissais échapper alors, une pièce qui me paraît exprimer à merveille cette situation de mon âme, et que, pour cela, je veux placer ici :

STANCES

Par ce soleil d'automne, au bord de ce beau fleuve,
Dont l'eau baigne les bois que ma main a plantés,
Après les jours d'ivresse, après les jours d'épreuve,
Viens, mon Ame, apaisons nos destins agités.

Viens, avant que le temps dont la fuite nous presse
Ait dévoré le fruit des dernières saisons,
Avant qu'à nos regards la brume qu'il abaisse
Ait voilé la blancheur des vastes horizons.

Viens, respire, ô mon Ame, et contemple ces îles
Où le fleuve assoupi ne fait plus que gémir ;
Cherche en ton cours errant des souvenirs tranquilles
Autour desquels aussi ton flot puisse dormir.

Dépose le limon qu'a soulevé l'orage;
L'abîme est loin encore, il nous faut l'oublier;
Il nous faut les douceurs d'une secrète plage;
J'attache ma nacelle au tronc d'un peuplier.

Hélas! dans ces jardins dont j'aime le mystère,
Que de jours écoulés, sereins ou nuageux!
A midi sur ce banc s'asseoit encor mon père;
Mes filles ont foulé ces gazons dans leurs jeux.

Sous ces acacias, les pieds dans la rosée,
J'ai quelquefois, dès l'aube, égaré la beauté.
L'oiseau chantait à peine, et la fleur reposée
Exhalait un parfum empreint de volupté.

Après bien des détours dans l'ombre et sur la mousse,
L'aurore avec le jour amenait les adieux.
En me disant : *demain,* que sa voix était douce!
Que loin, en la quittant, je la suivais des yeux!

Puis je m'en revenais, solitaire et superbe,
Recevant le soleil et l'air par tous mes sens,
Cueillant le frais bouton, ramassant le brin d'herbe,
Et le cœur inondé d'harmonieux accents.

Voici toujours les lieux, les places trop connues,
Et l'ombre comme hier flottant dans ce chemin.
Vous toutes, seulement, qu'êtes-vous devenues?
Et quelle autre, à mon bras, doit y marcher demain?

Je n'ai point passé l'âge où l'on plaît, où l'on aime;
Mes cheveux sont touffus et décorent mon front;
Les regards de mes yeux ont un charme suprême,
Et bien longtemps encor les âmes s'y prendront.

Mais que pour cette fois ce soit une belle âme,
Tendre et douce à l'amour, et légère à guider,
Qui de jeunes baisers rafraîchisse ma flamme,
Me couvre de son aile et me sache garder;

Qui des rayons de feu que lance ma paupière
Réfléchisse en ses pleurs la tremblante clarté,
Et, sans orage au ciel, sans trop vive lumière
Se lève sur le soir de mon rapide été!

Que l'oubli du passé me vienne à côté d'elle;
Que, rentré dans la paix, je craigne d'en sortir...
Que cet amour surtout, bien que noble et fidèle,
Au cœur pieux des miens n'aille pas retentir!

Ce soir là, j'étais dans une de ces dispositions lucides, où, avec un peu de recueillement, on découvre à nu le fond de son âme, et où l'on voit clair dans l'infinité de ses désirs.

Si cet état de calme intérieur se prolongeait, on pourrait sans trop de difficulté composer sa vie selon ses goûts, et la tempérer dans la mesure la plus convenable au bonheur. Mais, dès le moment que la rêverie cesse et que l'action recommence, on est repris par mille habitudes contraires, par mille distractions confuses. On oublie en chemin la partie la plus fine de son projet, et tout ce discret arrangement de l'avenir.

XIII

Je continuais donc comme à l'ordinaire, bien qu'avec des intervalles de dégoûts, ma vie éparse et mondaine. J'entretenais mes liaisons diverses, et j'en ébauchais même quelques autres.

Seulement, pendant tout l'hiver de cette année, je ne perdis plus de vue madame H***. Je fus sans cesse ramené près d'elle par un attrait dont je ne me rendais pas compte.

Sa conversation était peu choisie, peu intime, entremêlée de trop vifs éclats. Beauté à la fois hardie, joyeuse et sévère, elle échappait, dès l'abord, à toute intimation de tendresse par une moquerie peu irritante.

On ne m'avait pas épargné près d'elle, et

elle me traitait assez plaisamment sur le pied de séducteur, en m'assurant bien que je perdais ma peine et qu'il n'en serait rien.

Ce *qui vive* pourtant ne lui déplaisait pas. Elle se croyait sûre d'elle-même. Non que ce fût précisément chasteté vertueuse, ni amour de son mari. Mais, sage jusque là par habitude, sans désirs inconnus, parfaitement maîtresse de sès sens et presque inattaquable de ce côté, elle se souciait peu de jouer un sort régulier contre des sentiments dont elle ignorait tout le charme.

Avec cette résolution bien ferme de m'échapper, il lui semblait assez piquant et nullement dangereux de me retenir.

Nos discussions sans fin, nos hostilités convenues sur les *hommes* et sur les *femmes*, secondaient à merveille sa bonne humeur, et fournissaient une inépuisable matière à nos fréquents *a parte* durant chaque bal, ou à nos conversations du soir, en petit comité, dans sa famille.

Je me prêtais à tout. Je me laissais battre souvent. Je me fesais respectueux et calomnié pour mieux dissiper les préventions, et, au lieu de tentatives prématurées, je m'en remettais patiemment au progrès naturel en ces sortes d'affaires.

XIV

Mes soins, en effet, devinrent bientôt une partie essentielle de ses habitudes et de sa vie.

Je les rendais aussi aimables, aussi variés, qu'il m'était possible. Je conseillais de délicates et saisissantes lectures. Je causais des romans et de nos poètes chéris avec tout le feu, toute l'âme, que j'avais alors. Je prêtais beaucoup de livres à l'appui, que j'accompagnais de billets empressés et coquets.

On me *répondait* quelquefois par une petite lettre de remerciements un peu gauche, un peu cérémonieuse, à laquelle on avait bien pris garde.

C'était un commencement.

On m'abordait à la prochaine rencontre avec un doux son de voix, en essayant confusément de me décrire l'effet mystérieux que ces livres avaient produit, et, à travers ces timides discours, qui remplaçaient les banalités des jours précédents, j'entrevoyais une âme toute vierge, un cœur près d'éclore, des regards qui interrogeaient les miens, d'inexprimables sourires, aussi nouveaux pour elle que pour moi.

J'avançais par là bien doucement sans doute. Mais je crois que je le voulais ainsi, et qu'il m'était presque aussi agréable d'aller que d'arriver.

Du moment que j'aperçus que tout chez cette femme était à créer, le cœur, l'esprit et les sens, et qu'il me parut que le cœur, le premier, laissait poindre son étincelle, je ne vis guère dans l'aventure entamée qu'une expérience délicieuse, qu'il fallait mener à bon terme, et ne pas compromettre en la précipitant.

Aujourd'hui, qu'une passion vraie, rapide

et sans bornes, a passé sur des sentiments si légers et si vains, je me les rappelle avec une émotion que j'étais bien loin d'éprouver alors. J'en riais plutôt, j'en rougissais presque, si les femmes de ma connaissance y touchaient malicieusement, et, quand mes plus familiers amis m'entreprenaient là-dessus, je m'exécutais de fort bonne grâce, tantôt me rejetant sur les bizarreries des goûts, tantôt affectant plus d'indifférence misérable que je n'en avais.

Et maintenant, hélas ! le souvenir de ces premières circonstances me fait mourir, autant que celui des plus chères faveurs!

On m'a assuré qu'elle-même alors parlait avec beaucoup de légèreté de la cour que je lui fesais. Je le croirais sans peine. L'amour, à sa naissance, s'accommode on ne peut mieux de ces bruyants démentis, qu'on se donne à soi et aux autres. Il veut un peu de sécurité avant tout, et a besoin de grandir à l'aise derrière les faux-semblants.

Même en ma présence elle s'essayait quelquefois à marquer nettement sa froideur et sa liberté d'esprit, soit par pur caprice, soit pour se prouver qu'elle ne dépendait pas de moi, soit enfin qu'elle me voulût punir de quelques avances trop vives.

Il y eut bien des scènes de cette sorte et en plus d'une occasion, et mon amour-propre souffrit au point de s'intéresser au dénouement comme aurait fait l'amour.

XV

Nous étions vers la fin de l'hiver, et depuis un mois tout entier dans les douceurs continues d'une intimité croissante.

J'avais passé ma matinée avec elle. Je lisais. Elle appréciait fort bien les choses, à quelques écoles près de confusion et de défaut *d'atteindre*, comme il sied si gracieusement aux femmes, et pour qu'il reste à dire aux amants.

L'heure des adieux approchait. Je devins, comme à l'ordinaire, plus tendre, plus pressant. Je le fus trop ce soir-là; il y eut révolte.

C'était assez juste, et, quoiqu'un peu impatienté, je me retirai sans témoigner d'humeur, mais lui en laissant beaucoup, ce dont je ne fus pas longtemps préoccupé.

Nous dînions à trois, quelques jours après, chez le général ***, le même dont la femme disait si naïvement que de tous ses amants c'était encore son mari qu'elle préférait.

Il fut résolu en moi que j'attendrais ce moment pour revoir ma belle Élyse, et je donnai mes loisirs durant l'intervalle à certaine obscure liaison, paisible alors, mais qui m'occupera longuement dans la suite.

Quand j'arrivai chez le général, Élyse y était déjà. Je la trouvai sévère, serrée, et avec un air digne qui me parut fort divertissant. Je lui en laissai quelque temps les honneurs, et ne m'approchai point d'elle avant le dîner.

Elle était à table placée en face de moi, à côté d'un homme passablement aimable, fort de ses connaissances, et que la malignité provinciale lui avait donné pour soupirant.

Elle baissait souvent les yeux, et fronçait les lèvres en silence. Comme ses regards ne se tournaient nullement sur moi, je ne parus m'apercevoir de rien, et me mis à causer avec mes deux voisines, parées à l'excès, aussi belles et aussi sensibles que deux vases de fausses fleurs posés aux extrémités du couvert.

Je ne sais quel dépit Élyse en conçut, mais au bout de quelques minutes elle était en conversation suivie avec son voisin, et ce fut bientôt un entrain de paroles, un parti pris de gaieté, qui attira le sourire sur presque tous les visages. La rougeur et le mépris m'en vinrent au front. De telles manières m'irritèrent sans me guérir. On me regardait aussi, et je jurai en moi-même de ne jamais pardonner.

Le dîner fut long et insupportable. Le soir il y avait bal chez la jeune comtesse Amélie ***. J'avais depuis longtemps promis à Élyse de m'en dispenser. L'occasion était trop belle de manquer à ma promesse. Je demandai bien haut à son causeur s'il n'y viendrait pas, et que je me ferais un plaisir de le conduire. Il accepta, et nous partîmes à l'instant, sans que j'eusse dit un mot d'adieu à cette folâtre délaissée. Je lui voulais déclarer ainsi mon indifférence souveraine et mon mécontentement, sans aucune jalousie pour ses préférences.

Je restai au bal fort tard, et m'y comportai de façon qu'il lui fut bien rapporté que j'y avais été fort aimable, et particulièrement occupé des femmes qu'elle haïssait le plus.

Mais, au prochain tête-à-tête, un mot de regret, quelques pleurs sincères, quelques tendres gages de soumission, réparaient tout.

Dans ces moments, les regards qu'elle lançait étaient un mélange adorable de supplication et de confiance. Elle s'humiliait avec un badinage qui n'était plus de la gaieté. Elle me fesait lire, se disait ignorante, et voulait absolument m'être redevable d'avoir compris.

Et puis, il y avait des jours où elle était si parfaite pour moi devant le monde, où elle fesait tant d'honneur à mes soins, avec son air de beauté inquiète et subjuguée !

XVI

Je m'attachais insensiblement à elle par ses progrès naïfs dans les sentiments de l'âme, et par ce charme de rêverie inconnue sous lequel je la plaçais.

Ce qui me la révéla surtout telle que je ne l'avais pas soupçonnée encore, ce fut un concert qui suivit de près ce dîner malencontreux.

Les concerts l'avaient toujours ennuyée jusque là. Elle n'y avait jamais cherché que des paroles de romances, et c'était la première fois probablement qu'elle s'avisait d'écouter de la musique.

Celle-là recélait toutes les sources de l'émotion. Dona Anna, trahie, était aux prises avec

Don Juan. Il fallait voir comme, pendant ce moment, ma belle Elyse en saisissait, en réfléchissait les larges nuances ; comme sa figure, sans un seul sourire, attentive, altérée, sombre et violente, donnait à connaître le profond tumulte de son cœur !

Et, lorsqu'à cette passion dramatique succédèrent d'autres airs plus légers, des chants simplement tristes et tendres, son attention flotta un peu. Mais, bientôt, sa rêverie l'emportant, elle n'écouta rien qu'elle-même, ses propres pensées, et le retentissement de l'orage évanoui.

Tout ce qu'il y avait de vague et d'inachevé en son âme s'était harmonieusement ému, et ne lui laissait plus de silence. Elle ne put s'en détacher tout le reste du soir, et les voix, les instruments, étaient comme un accompagnement lointain, qui, du dehors, la replongeait sans cesse et l'égarait à l'infini dans le sentiment de sa vie nouvelle et de son amour !

XVII

L'hiver était passé. Elle partait pour sa campagne de Crosey, à trois lieues d'A***. Elle devait aussi faire un voyage à Paris vers juillet. Je promis de me trouver en même temps qu'elle dans la capitale, et, en attendant, de l'aller voir souvent à sa campagne.

Son mari, occupé d'affaires, l'y laissait fort libre et ne la rejoignait guère qu'une ou deux fois la semaine. Elle y avait peu de société : un beau-frère, une belle-sœur, quelques voisins. Sa petite fille n'était encore qu'un enfant.

Le dimanche, elle recevait volontiers du monde de la ville. J'y fus invité, par un petit mot de sa main, pour le second dimanche qu'elle y passa. Il ne devait y avoir que moi, m'écrivait-elle.

Je n'étais jamais allé à Crosey, ou du moins je n'avais fait qu'entrevoir la maison à travers la grille et côtoyer le parc, en m'en revenant à cheval de chez un de mes amis, qui demeurait dans les environs.

Toujours j'avais admiré la solitude du lieu, l'épaisseur du bois, et, plus d'un soir, descendant au pas le sentier couvert qui mène au vallon, respirant les parfums de seringat qui m'arrivaient par bouffées avec la brise, il m'était venu à l'idée, sous ces ombrages, un roman selon mon cœur.

Depuis que j'en connaissais l'habitante, ces souvenirs m'avaient repris avec plus de vivacité, et, la veille du fortuné dimanche, ils ne me laissèrent pas un moment de cesse que je n'eusse écrit les vers suivants :

DÉSIR

Eh quoi? ces doux jardins, cette retraite heureuse,
Qui des plus chers désirs de mon âme amoureuse
Enferme les derniers;
Beaux lieux, dont je n'ai vu que l'enceinte bordée
De mélèzes en pleurs et d'arbres de Judée
Et de faux ébéniers;

Bosquets voilés au jour, secrètes avenues,
Dont je n'ai respiré les odeurs inconnues
Que par la haie en fleur;
Au bord desquels, poussant mon alezan rapide,
J'ai souvent en chemin cueilli la feuille humide
Pour la mettre à mon cœur;

Quoi! ces lieux de son choix, ces gazons qu'élle arrose,
Ces courbes des sentiers dont à son gré dispose
Un caprice adoré;
Ce plaisir de ses yeux, son bonheur dès l'aurore,
Tout ce qu'elle embellit et tout ce qu'elle honore,
Demain je le verrai?

Je verrai tout! Déjà je sais et je devine;
Je suis, sous les berceaux, sa démarche divine
Et son pas agité;
Je l'imagine émue, en flottante ceinture,
En blonds cheveux, plus belle au sein de la nature,
O Reine, ô ma Beauté!

Oh! dis, en ces moments de suave pensée,
Lorsqu'au pâle rayon dont elle est caressée
L'âme s'épanouit,
Comme ces tendres fleurs que le soleil dévore,
Que le soir attiédit, et qui n'osent éclore
Qu'aux rayons de la nuit;

Quand loin de moi, sans crainte et plus reconnaissante
Tu nourris de soupirs cette amitié naissante
Et ce confus amour;
Quand sur un banc de mousse, attendrie et pâlie,
Tu tiens encor le livre et que ton œil oublie
Qu'il n'est déjà plus jour;

Quand tu vois le passé, tous ces plaisirs factices,
Tous ces printemps perdus, comparés aux délices
Qui germent dans ton cœur;
Combien pour nous aimer nous avons de puissance,
Mais que, même aux vrais biens, le mensonge ou l'absence
Retranchent le meilleur!

Oh! dis, en ces moments d'abandon et de larmes,
Sens-tu tomber tes bras et se briser tes armes
Contre un amant soumis?
Sens-tu fléchir ton front, et ta rigueur se fondre,
Et tes gémissements essayer de répondre,
Quand de loin je gémis?

Oh! dis, sous la fraîcheur du plus charmant ombrage,
Dans tes loisirs sans fin, toujours et sans partage
Suis-je en ton souvenir?

Dis! songeant, au réveil, que dans ta chère allée,
Sous l'arbre confident de ta plainte exhalée,
Demain je dois venir,

As-tu, ce matin même, as-tu revu les places,
As-tu peigné le sable où se verront tes traces
Et les miennes aussi ?
As-tu bien dit à l'arbre, aux oiseaux, à l'abeille,
Au vent, — de murmurer longtemps à mon oreille :
« C'est ici, c'est ici !

« Ici qu'elle est venue, ici que, solitaire,
« S'est lentement en elle accompli ce mystère
« Qui nous change en autrui ;
« Ici qu'elle a rêvé qu'elle s'était donnée,
« Ici qu'elle a béni le jour, le mois, l'année,
« Qui l'uniront à lui ! »

Vœu sacré ! — Mais au moins, pour demain, belle Élyse,
N'est-il pas, n'est-il pas, vers cette heure indécise
Où tout permet d'oser,
N'est-il pas un sentier dans le myrte et la rose,
Un bosquet de Clarens où le ramier se pose,
Où descend le baiser (1) ?

(1) Allusion à *la Nouvelle Héloïse,* de J.-J. ROUSSEAU.

XVIII

Je les lui remis un peu après mon arrivée, dans un moment où nous étions seuls. Elle se retira quelque temps sous une allée pour les lire, et reparut bientôt, confuse et glorieuse, avec un attendrissement marqué.

Mais la compagnie nous était survenue, et, elle-même se défiant de son émotion, elle prit garde, pour le reste du jour, à un nouveau tête-à-tête.

Il n'y eut donc point à Crosey de bosquet de Clarens; *le baiser ne descendit pas*, et, à vrai dire, il était déjà tout descendu.

Bien qu'elle ne m'eût rien accordé encore que de fort léger, nous n'en étions plus tout à fait à ses sortes de réserves.

Je n'eus pas trop à me plaindre pourtant; elle voulut se faire pardonner de ne pas me complaire en ce point, et fut d'autant plus charmante en paroles, en regards, en inépuisables ressources d'esprit pour n'adresser qu'à moi seul, sans rien laisser paraître, la conversation, les promenades, et chacune des beautés de son séjour.

Mes visites à Crosey se renouvelèrent quelquefois. L'éloignement et les convenances devaient les rendre assez rares. Mes lettres n'y suppléèrent qu'imparfaitement.

Au bout de quelques semaines, Élyse crut remarquer dans mes procédés de la distraction et de la langueur.

J'étais toujours le même en sa présence, tendre, amoureux, empressé, fécond en excuses et en promesses. Mais, comme elle ne m'avait plus tous les jours à ses côtés pour lui répondre de moi, ses objections avaient le temps de se fortifier et de croître avec son amour.

Si je lui parlais de mes ennuis loin d'elle et de l'emploi de mes heures, elle m'opposait un air d'incrédulité. Son inquiétude était sincère autant qu'apparente, et il n'y avait pas là, comme à la ville, de longs entretiens chaque soir, ni d'autres fascinations du même genre pour la rassurer.

XIX

Ce fut bien pis encore, quand, au lieu de la rejoindre à Paris, comme il était convenu, je prétextai je ne sais quelle indisposition subite qui m'arrêtait au départ.

Elle m'écrivit durant cette absence deux lettres moqueuses et piquées. Elle regrettait fort de ne pas m'avoir pour guide en ce beau Paris, elle, pauvre provinciale, qui avait tant besoin de conseils et de directions. Elle n'avait jamais osé se flatter sans doute jusqu'à compter entièrement sur moi. Mais elle avait espéré du moins que je ne la laisserais de côté que pour une occupation plus agréable. Et voilà que j'étais tout sottement malade, au lit, moi, qu'elle se figurait en si heureuse veine de nouveauté et de plaisir! C'était jouer de malheur vraiment, pour un homme d'autant d'esprit, et elle me plaignait de grand cœur, tout en profitant de son mieux du voyage.

Ce débordement de verve ne m'effrayait pas; je le voyais même avec un secret plaisir. Il me prouvait l'agitation et la plénitude de son âme. Ma belle s'aventurait de la sorte en ironie plus avant qu'elle ne se serait lancée en tendresse, et l'une ou l'autre route mène également loin en amour.

Et puis, tout ceci me préparait un automne orageux, un hiver occupé. J'allais avoir des torts à réparer, des préventions à vaincre, des droits à reconquérir.

En attendant, il me restait une ou deux raisons particulières de prendre patience et de différer.

XX

La principale, l'essentielle, la seule qui explique mon manque de parole et mes négligences de cette saison à l'égard d'Élyse, est un des mystères de ma vie, un de ces secrets comme tout homme qui a senti en renferme un au moins dans les abîmes de son cœur.

Ce n'est ni le plus grand, ni le plus profond peut-être, ni toujours le plus honteux, ni même celui où il entre le plus de notre âme. Et c'est pourtant celui qu'on ne confessera jamais; celui qu'un caprice mystique, une pudeur éternelle, enchaînera jusqu'au dernier jour bien loin de nos lèvres; le seul, s'il était permis de choisir, sur lequel on prierait l'ange du Jugement de voiler l'éclat de sa voix !

Et quand on le voudrait divulguer, ce secret unique qui se dérobe en nous, qui sait si on en aurait les moyens ici-bas? Qui sait si cette superstition sacrée trouverait des mots dans le langage; si, dans ce milieu grossier qui nous environne, cette corde invisible résonnerait à d'autres oreilles; si cette impression subtile, pénétrante comme celle d'une odeur, se pourrait transmettre et raconter?

La musique seule, avec ses vapeurs et ses voiles, et la profonde douceur de ses soupirs, une musique de carmélites allemandes, chantant le soir, derrière la grille d'un cloître, au chœur d'une basilique, serait digne de toucher, sans dissonance ni souillure, à ce sentiment qui n'est rencontré qu'une fois, à ce qui n'a été véritablement en nous qu'un éclair, un accord indéfinissable, une mélodie !

On serait là, dans l'ombre, une nuit, à genoux, plein d'une anxiété pieuse, et du plus loin que nous semblerait venir, bercé dans l'harmonie, le blanc nuage avec l'apparition, on ferait un signe solennel à l'ami agenouillé sous le même pilier; on lui serrerait convulsivement la main durant le passage, et tout serait dit, et le secret tout entier serait révélé !

Les autres moyens terrestres serviraient mal notre pensée, et trahiraient notre idée !...

XXI

Voici la réponse que j'adressai vers ce temps à mon excellent ami Joseph Delorme, qui m'avait écrit pour me reprocher l'excès de ma discrétion à ce sujet. C'est le seul éclaircissement que je veuille ajouter ici.

« Il est vrai, cher Joseph, il y a un nom dans ma vie qui ne sera jamais prononcé aux hommes ; un sentiment, d'une durée insaisissable, qui eut toute l'élévation de la chasteté, avec tout le délire de la passion, que j'ai trahi, méconnu en y cédant, mais que je respecterai par mon rigoureux silence.

« Si jamais il m'est donné de revoir son

objet, si je suis seul devant ses yeux, je me mettrai à genoux, et le toucher de sa main m'absoudra, et une fleur qu'elle aura cueillie, dont une feuille me sera accordée, deviendra une sainte et impérissable relique !

« J'ai sans doute autant aimé déjà ; j'aimerai peut-être davantage un jour. Je ne sentirai jamais ainsi !

« C'est que cet ange, dont un moment les pas s'égarèrent, portait la candeur au front, la sérénité dans les yeux, la prudence sur les lèvres ; c'est que cette femme imméritée, que je n'ai pas dû retenir, traversa ma vie comme par miracle ; c'est qu'elle n'était pas née pour faillir ; c'est qu'avant la faute, il y eut une heure, un moment, un son de voix dans les larmes, une réunion fortuite du lieu, de la lumière, de l'accent, quelque chose de si étrange dans la pâleur, un reflet sans doute de ce qu'ont vu en leurs songes Dante et Pétrarque inspirés ; c'est que tout cela s'est tellement confondu en elle, évanoui avec elle, que je ne mêlerai rien désormais à son souvenir, que cette lettre ne contiendra pas un mot qui ne lui soit consacré, et que l'explication finira ainsi entre nous, mon ami.

« Adieu.

« Arthur. »

XXII

L'autre raison, bien secondaire il est vrai, que j'avais de me consoler en l'absence d'Élyse me sera plus aisée à dire, quoique assez honteuse par son côté indélicat et vulgaire.

J'ai parlé d'une liaison obscure qui me deviendra onéreuse par la suite, mais avec laquelle je remplissais paisiblement alors les intervalles de ma nouvelle passion.

L'origine de cette liaison était déjà un peu ancienne, et remontait à l'époque de mes plus folles aventures.

Dans un de mes voyages à Paris, Madame de ***, allemande et amie de notre famille, femme d'un esprit agréable et fin, d'un commerce aisé, d'un âge commode (cinquante ans environ), me proposa de venir voir mes enfants à la Luzellerie, où ils passaient la belle saison.

J'acceptai sans peine, et nous partîmes dans sa voiture.

Elle emmenait avec elle une de ses femmes, nommée Julie, qui lui était indispensable, et qu'elle plaça dans le coupé entre nous deux.

C'était en été, par une des nuits les plus étoilées et les plus transparentes que j'aie vues. Nous traversions un magnifique pays, des forêts, des fermes, d'odorants vergers alentour, des terrasses naturelles d'où l'on domine des vallées, des châteaux sur des pelouses, de blancs villages dans le roc, et tout ce qui accompagne le cours d'un beau fleuve.

La pensée du sommeil ne nous venait pas. Nous regardions sans parler.

Julie était une fille de vingt-cinq ans, d'un doux et franc sourire, d'une grâce vive et entraînante; avec cela mélancolique, et presque toujours silencieuse. Son teint était brun et animé, ses cheveux noirs admirables. Elle avait la lèvre épaisse et l'œil confiant, la taille parfaite, quoique robuste et *romaine*.

Placés comme nous étions, la senteur de ses cheveux m'allait à l'âme. Ses chairs pénétraient les miennes, et j'en étais, malgré moi, tout gêné, tout palpitant.

Elle finit par s'en apercevoir à quelques mouvements un peu passionnés, et elle demanda à monter sur le siège de la voiture, la chaleur lui faisant mal, disait-elle.

Sa maîtresse se prit à sourire, et dès que nous fûmes seuls :

— Eh bien, Arthur, toujours le même? »

Je protestai de mon innocence :

— Mais cette fille est si fraîche, si vivifiante... en vérité...

— Je vous conseille, mon ami, de n'y point penser; vous y perdriez vos peines. Cette fille est très sage, et je ne saurais vous dire de combien de poursuites elle a été l'objet. Mon mari lui a offert des trésors, amoureux qu'il était d'elle à en mourir. De guerre las, il lui a fallu renoncer à la vaincre. Elle peut faire un bon mariage avec un marchand, à qui la tête en est tournée. Elle diffère encore pourtant, et dit que cet homme l'ennuie, qu'elle m'est trop attachée... Je lui ai offert [de] la laisser à Paris; mais elle m'a refusé, et veut me suivre à toute force. Soyez donc sage, mon jeune ami, et ne me faites pas de sottise. »

Le jour nous prit comme nous avions à monter la côte des Moulins, quelques lieues avant d'arriver. Mme de *** resta dans la voiture, et je me mis à cheminer à pied avec Julie.

Je lui fis admirer l'étonnante vue que chaque pas en avant nous découvrait, le fleuve, les îles, les jeux de lumière vermeille, les vapeurs de l'aube qui se repliaient, les bruits et les fumées du matin, et cela naturellement et avec délicatesse, sans me prévaloir de ma complaisance, car je tenais encore de sa maîtresse qu'elle était fille naturelle d'une mère fort commune, mais d'un négociant riche et considéré de l'Ile de France, et que, destinée d'abord à un tout autre sort, la ruine complète de son père naturel l'avait réduite où je la trouvais.

Je pensai bien que cette pauvre fille était pleine de cette idée, et je causai avec elle à peu près comme avec une égale.

Cette attention commença à me la gagner, et le bonheur qui monta aussitôt sur cette figure me fit bien augurer d'elle et de nos plaisirs à venir.

XXIII

Arrivés chez moi, je la cherchai le soir dans les promenades solitaires qu'elle fesait le long des saules de la rive. Je lui dis fort vivement que je la trouvais charmante, que nous étions jeunes et libres tous deux et portant un grand fonds de bonheur en nous, qu'elle méritait beaucoup de soins et une longue épreuve de ma part, que je m'y soumettrais volontiers, mais qu'elle vît bien que nous n'avions pas plus de quinze jours à passer ensemble, et s'il valait mieux les perdre à nous affliger que les couler en douce intelligence.

Elle trouva le compliment un peu brusque, mais ne s'en offensa point et répliqua seulement par une ironie assez tendre :

— Je suis trop heureuse, n'est-il pas vrai ? que vous vouliez bien songer à moi. Votre maîtresse est absente, ou quelque belle dame vous tient rigueur. Je remplirai le vide, et serai laissée là dès que vous aurez mieux. Peut-être vous aurai-je aimé sérieusement et à n'en pas guérir. N'importe. Je céderai la place à quelque coquette de votre monde, qui ne me vaudra pas. »

On a mille mauvais raisonnements pour combattre cette excellente logique et cette prévoyance de femme, et toujours ils réussissent.

Il en fut ainsi. Je lui donnai un baiser qui l'acheva.

Je la menai le surlendemain à la ville dans ma voiture, à la prière de sa maîtresse, qui ne nous soupçonnait pas d'être si avancés.

Nous y fûmes excellents amis. Je la trouvai gaie, bonne fille, et d'un cœur, d'un rire qui m'entrainèrent.

Tout lui semblait nouveau dans cette conversation animée sans indécence, dans ce charme de manières uni à beaucoup de bonté et de naturel. Elle aussi, créature de premiers mouvements, de surprises et d'enthousiasmes, était une agréable nouveauté pour moi, comparée à tant de femmes civilisées que j'avais eues.

De retour à la campagne, j'attendis la nuit pour lui parler encore. Sa petite chambre, appuyée contre celle de sa maîtresse, donnait sur un corridor, et n'avait de ce côté qu'une porte vitrée avec des rideaux mal retenus.

Elle était couchée déjà, et sa lumière non éteinte. Je frappai légèrement aux carreaux, et je vois encore sa frayeur, et comme elle se cacha d'abord sous ses draps, puis laissa sortir la tête et me regarda d'un air charmant. Tout alla vite et au mieux entre nous.

XXIV

Dix jours se passèrent ainsi (la conquête en avait duré cinq), et qui ne furent de sa part que ravissement et orgueil, sans souci du lendemain.

L'approche du départ rompit le charme. Elle tomba dans une tristesse profonde, dans des larmes inconsolables.

Je revenais avec sa maîtresse à Paris. J'espérais que ma présence la soutiendrait un peu. Mais elle savait trop bien que ce n'était pas pour elle que je retournais. Durant le voyage, elle ne cessa de souffrir et de pleurer.

— Qu'a donc cette fille? me disait madame de ***. Je ne la reconnais plus. Arthur, est-ce qu'elle vous aimerait? Prenez-y garde, je ne vous le pardonnerais pas. Elle ne vous le pardonnerait pas elle-même, car c'est une âme de feu, et, je crois, une tigresse dans ses emportements. »

Je plaisantai sur une pareille pensée.

— Ne riez pas, la chose est sérieuse; elle a de la chaleur des Tropiques dans le sang. Et puis cette fille m'est nécessaire. Elle est précieuse à ma santé en ruines, à mon cœur même. Je vous en voudrais toute la vie de me la retirer. »

Au dernier relai, Julie descendit et entra dans la cour de la poste. Je l'y suivis, et tournant le vieux mur d'un jardin potager plein de choux et d'œillets, je la surpris appuyée contre une cloison d'étable, et, fondant en larmes :

— Embrassez-moi ! s'écria-t-elle en m'apercevant. C'en est fait. Dans une heure ma félicité aura cessé. Je vous aurai perdu ! »

Vraiment, je le croyais comme elle.

XXV

Il n'en fut rien pourtant. Je retrouvai, il est vrai, toutes mes délices les plus séduisantes d'alors, ma capricieuse et chère Leïda, mes chastes amours, et ma belle Titania. Mais j'avais le cœur plein de la bonté et des larmes de Julie.

Je lui louai une petite chambre. Elle pouvait s'échapper de l'hôtel à minuit, et venait m'attendre là.

Je m'y rendais, fatigué de mes émotions, de mes plaisirs, pour la trouver toujours soumise et enchantée.

Je lui donnai, aux grands jours, le Cadran Bleu, l'Ambigu, quelques fois le parc de

Sceaux, ou mieux encore les belles forêts qui l'environnent.

Mon Dieu, la bonne et excellente fille! L'inaltérable caractère qu'elle garda longtemps! Et quelle joie naïve et cordiale!

Elle finit toutefois, comme il est immanquable, par s'accoutumer à ce bonheur, et ne put s'empêcher, en certains moments, de se montrer pleureuse et exigeante. Je me fâchai. Nous eûmes vingt querelles et vingt raccommodements. Je l'envoyai cent fois au..... bout du monde. Elle revint toujours. Je sentais que ce cœur-là était encore plus à moi qu'aucun autre.

Tant d'agitations changèrent profondément sa personne et son humeur. Elle négligea son service. Sa maîtresse l'aima moins et la traita avec peu d'égards. Enfin, cela devint si fort, qu'elle fut renvoyée et tomba à ma charge.

Elle avait bien quelques petites rentes de son père naturel, mais par trop insuffisantes. Me voilà donc obligé de l'*entretenir*, situation que j'avais toujours repoussée avec mépris, et dont j'étais outré. Tous mes conseils avaient été vains pour la prudence; j'avais droit de me plaindre.

Elle se conduisit à merveille, ne se permettant aucune demande, et recevant les moindres présents avec une excessive reconnaissance.

— Je sais bien, disait-elle souvent, que tu ne me dois rien, ô mon ami, que tu n'as pas besoin de maîtresse comme moi, et qu'il ne t'en saurait manquer d'ailleurs. Ce qui t'inspire à mon égard, c'est pure indulgence et humanité pour une pauvre fille qui t'aime et qui mourrait si elle ne t'avait pas. »

XXVI

En ces termes, notre liaison demeurait douce et cachée. J'y recourais plus familièrement, à mesure que je me lassais des autres. Mes voyages à Paris me fatiguaient. Je les ralentis, et alors il fallut bien faire venir Julie en province. Elle s'y établit toute heureuse, et se croyant à moi pour la vie.

Il y avait déjà deux années qu'elle passait de la sorte, sans trop se ressentir de mes affections du dehors, quand je fis la connaissance d'Élyse.

Julie ignorait à peu près ma conduite dans le monde, et, d'ailleurs, elle ne se croyait nullement en position pour intervenir. Ce fut plus tard seulement que mon indifférence extrême provoqua chez elle une inexplicable crise de passion, la rendit soudainement ombrageuse, indomptable, et la réduisit à se méconnaître tout à fait.

Il semblait que la Providence me l'eût ménagée exprès jusque là, pour la déchaîner à temps, comme un remords, dans mon coupable bonheur.

Cette saison, au reste la dernière où je la vis beaucoup, grâce au voyage d'Élyse, fut abondante en douceurs et en consolations pour sa pauvre âme aimante. Elle retrouvait, à me fêter, des trésors de tendresse, et accueillait mes retours imprévus avec une vivacité d'émotion, à laquelle se mêlait un pressentiment douloureux.

XXVII

Élyse revenait. Je n'avais pas négligé d'amortir de loin sa colère par d'humbles lettres, où j'accumulais les excuses.

Elle m'épargna elle-même l'embarras des premiers jours, en ne m'opposant que raillerie jouée, étourderie artificielle.

J'essuyai d'abord le sarcasme sans mot dire, redoublant de soins, ne discontinuant mes visites ni à la ville, ni à Crosey, et, dès que j'eus suffisamment tourné les apparences en ma faveur, je me plaignis, j'attaquai à mon tour.

Je me rejetai sur ce mépris même qu'on fesait de moi. Un cousin militaire, qu'elle avait rencontré à Paris, me servit tout à point. Je m'en emparai obscurément, avec de grands airs soupçonneux de jalousie, et ne réussis pas mal à donner le change sur l'ambiguïté de ma conduite.

Dès qu'elle eut entrevu à mes inégalités une explication heureuse, elle s'y laissa pousser insensiblement, et tout le fracas à grand peine amassé se fondit en huit jours. On aurait dit une magie dont le charme opérait.

Elle redevint rêveuse comme à la fin du dernier hiver, tendre, plus tendre que jamais, surtout plus inquiète en sa tendresse, avec un besoin visible d'être rassurée plus souvent.

On ne saurait s'imaginer combien cette maudite gaîté, une fois disparue, découvrit chez elle de perfections réservées, d'harmonies et de nuances. C'était comme du rouge qui aurait caché sa blancheur naturelle et les teintes de son visage.

Les soleils tièdes et mourants de l'automne entretenaient encore et mûrissaient cette disposition profonde de son être. Elle ne se défendait plus de m'aimer, elle ne me défendait plus de tout lui dire.

A Crosey, sous les ombrages éclairés, dans la confusion des sentiers, au milieu des exhalaisons voluptueuses qui montaient de la terre, qui pleuvaient du ciel, qui émanaient de chaque buisson et de chaque plante, nous allions tantôt en silence, avec des pleurs dans les yeux, ne voyant que nous, n'écoutant que nos soupirs, tantôt animés, intarissables, parlant de toutes choses, rayonnant de tous côtés dans l'univers, sans pour cela sortir jamais de nous-mêmes.

C'était, de sa part, une effusion naïve, exempte de périls, à laquelle, dans sa pensée, elle avait posé certaines bornes. Mais on ne les distinguait pas dès l'abord. Sa sévérité, retranchée au fond, et préoccupée d'un seul point, souffrait un singulier et délicieux abandon des faveurs prétendues indifférentes.

Mes témérités, sans me profiter beaucoup,

ne me reculaient plus désormais. Je l'embrassais mille fois. Elle me pardonnait tout, et me refusait tout. Il s'était conclu dans sa tête entre ses divers sentiments une sorte de compromis pour m'affliger le moins possible, en se gardant bien de trop me complaire.

XXVIII

A la ville, les réunions n'avaient pas encore commencé.

Quand elle y venait passer quelques jours, je la voyais chez elle, au soir, en famille, et j'avais même obtenu de ses scrupules qu'elle me recevrait dans sa chambre, le matin, après déjeuner. Il fallait avant tout pour cela que son mari fût absent.

Sa chambre était au premier étage, au fond d'un long corridor, qu'on avait à suivre en arrivant par le grand escalier. Mais on y montait plus directement par un escalier dérobé. Les domestiques, ceux qui n'étaient pas à la campagne, se tenaient dans la partie supérieure du logis, et il ne venait dans cette chambre qu'une fille dont sa maîtresse était sûre. La porte cochère de la maison restait ouverte, à cause des magasins du fond de la cour.

S'il y avait moyen de me recevoir au jour et à l'heure convenus, Élyse laissait la clef à la porte de la chambre. J'arrivais par le petit escalier, et j'entrais sans être remarqué. Si, par hasard, j'étais vu, j'avais toujours l'excuse d'une visite à Madame.

Un jour, — un soir, — comme elle devait repartir le lendemain matin pour passer à Crosey la dernière quinzaine d'octobre, elle m'avait reçu dans cette chambre mystérieuse, si close, si étoffée au dedans, si galamment ornée par sa prédilection et sa fantaisie, où régnait le parfum, où tout flattait les yeux, assoupissait les pas, et reposait les sens pour les mieux pénétrer!

J'étais déjà fait à ce doux lieu. M'y voyant si à l'aise, il me semblait que j'y étais toujours venu. Et pourtant, à certains moments, à la vue de quelque objet nouveau qui me frappait, me remettant à considérer chaque partie, rideaux, alcôve, et plafond, et le pied d'une console, et la couleur d'un fauteuil, et le pli d'une draperie, je ne me lassais pas d'admirer par quel progrès je me trouvais là, quoique bien peu avancé encore.

Cette fois, j'eus plus que jamais le loisir de rêver et d'admirer.

Nous étions seuls dans la maison; pas un domestique, hors sa femme de chambre; pas de surprise à craindre, ni de visite. On croyait tout le monde parti.

Cette sécurité contribua sans doute à donner une prodigieuse abondance à nos paroles, et une tournure presque métaphysique à la conversation.

Élyse se déploya tout le soir comme elle n'avait point fait jusque là. Nous causâmes longtemps avec intimité et élévation, de nous d'abord, de notre amour, puis de l'amour en général et de la place qu'il tient en cette vie.

Au fond de nos âmes, il ne s'agissait pas moins que de savoir s'il est l'unique affaire en ce monde ; si c'est lui seul qui nous révèle tout ce qu'il y a d'intime, d'invisible et de réel en toute chose ; si rien ne peut le suppléer dans les âmes pudiques ; s'il ne fait que nous élever, comme un guide, à nos purs logiciens de sentiment ; s'il est but ou moyen, ou s'il est à lui-même son but et sa loi, dans l'ordre de cette terre.

Élyse suivait la question à merveille, sans s'étonner, sans faire effort pour s'y appliquer, et, dans son bon sens de femme qu'éclairait déjà l'expérience de sa jeune passion, elle avait raison contre moi, qui, durant cet entretien, songeais à toute autre chose qu'à la vérité.

XXIX

— Oh oui, vous dites vrai, mon ami, me disait-elle. L'amour est inappréciable pour nous femmes. Depuis que j'ai eu cette grande faiblesse de lui ouvrir mon cœur, je sais que de trésors il y est entré. Vous ne le vantez pas trop. Mais il faut bien y prendre garde, mon ami, et ne pas en risquer les bienfaits par une aveugle confiance, car (parlons un peu raison), malgré moi pourquoi suis-je si reconnaissante envers cet amour que je devrais gourmander? C'est qu'il m'a tout appris; c'est qu'il m'a fait trouver de l'attrait et une douceur incomparable à ce que j'avais vu cent fois auparavant avec indifférence; c'est que je n'ai écouté la musique que depuis ce temps là; que les beaux arbres de Crosey, sous lesquels je m'étais ennuyée si souvent, ne me tiennent compagnie que depuis que je vous connais, que vous les connaissez, et que vous m'avez un jour parlé de *mélèzes en pleurs;* c'est que mes lectures étaient mortes et sèches avant que l'amour soufflât sur les pages pour les animer, et que je lui dois encore de sentir même ces pompes et ces prières de la religion, qui ne me disaient rien du tout pendant mon innocence, et que je comprends seulement aujourd'hui qu'elles me condamnent.

« Voilà les bienfaits de l'amour, ô mon ami, ceux pour lesquels je l'aime, pour lesquels toutes les femmes doivent l'aimer. Il est à notre égard, voyez-vous bien, l'interprète le plus doux, le plus commode, le plus enchanteur de ce monde où nous vivons, de cette vie humaine, de la religion, de la musique et de la nature. Mais l'interprète est tant soit peu perfide, vous le savez mieux que moi. Il a son arrière-pensée à lui, qu'il met partout. Il se glisse, il s'insinue, il demande son salaire, chétif et modique d'abord. Et ce salaire s'accroît, et il dévore tout, et il finit par dépasser le prix de l'âme et de l'univers !...

« Oh! non, Arthur; fuyons, promettez-le moi, cet amour égoïste! Gardons le nôtre, dans sa délicatesse, dans sa pureté d'à-présent, et dégagé de toute grossière idolâtrie. »

Et je la voulais réfuter. Mais elle ne me laissait pas poursuivre, et continuait elle-même avec une vivacité surnaturelle, comme pour se rassurer :

— Oui, oui, vous avez raison peut-être et je ne veux pas trop vous contrarier. Mais c'est assez, voyez-vous, au point où nous en sommes. C'est le plus loin et le mieux. Tenons-nous y toujours. Contentez-vous, Arthur, d'avoir mis une âme de plus au monde, de la guider, de la laisser sentir chaque chose ici-bas à cause de vous. Nous autres femmes, nous aimons ce degré en amour. Nous voulons et savons y faire rester, et ne désirons jamais rien au-delà. Vous m'y laisserez, n'est-ce pas, Arthur? »

Elle était si belle et si suppliante en ce moment, qu'elle allait contre son propre dessein, et inspirait une envie extrême de lui désobéir.

XXX

— Les femmes ne désirent rien au delà, répondis-je, parce que leur nature pénétrante se fie à nous sur ce point, et nous abandonne le souci de désirer pour elles. Mais pour tous les vrais amants, il n'y a qu'une même manière d'aimer, et on ne la gouverne pas. Ne croyez jamais, je vous en prie, que la passion se règle avec cette mesure, qu'on lui fasse sa petite part et qu'elle s'en contente. Chimères que tout cela. Il est possible, à la rigueur, qu'on s'aime autant sans se rien donner. Mais notre pauvre nature est ainsi faite qu'elle s'obstine à douter, à moins de preuves. Elle se sent tellement fragile et isolée que, pour croire à ce qu'elle inspire, pour faire croire à ce qu'elle ressent, elle n'a pas trop des gages les plus absolus, les plus éternels. Elle veut se confondre, elle se confond, autant qu'elle le peut sur la terre, avec la personne de l'objet aimé, et, jusqu'au sein de l'union la plus parfaite, elle doute encore, elle s'interroge sur son bonheur, et se reproche de n'avoir ni assez obtenu, ni assez donné !

« Vous avez beau dire, ô ma prudente amie, c'est là la pente invincible, le cours naturel de l'amour. Ne vous raidissez pas trop, et laissez faire au temps, sans vous prendre à des systèmes. Et tous les jours, quand nous sommes seuls et que je vous quitte, comme je vais faire en ce moment, votre main ne se porte-t-elle pas involontairement au devant de la mienne? N'y a-t-il pas dans tout votre être, oui, dans ces yeux mouillés, dans ces lèvres entr'ouvertes, dans ce beau sein ému, comme un mouvement d'adieu vers moi, et un geste inachevé? »

Et tout disant ainsi, je lui tenais les mains et je les dévorais de baisers. Elle ne les retirait pas. Je regardais ses yeux ; elle ne les baissait pas. La lampe semblait mourir ; nous ne parlions plus, et j'avançais toujours.

Tout-à-coup, la force lui revint. Elle échappa, avec un cri, d'entre mes bras.

— Sortez, sortez, tout de suite, ami ; je vous en conjure ! »

Il y avait dans son expression tant d'autorité et de prière, que j'obéis à l'instant, sans trop savoir ce que je fesais.

XXXI

Le lendemain, au réveil, après une sotte nuit passée dans les songes, je recevais le billet que voici :

« Je vous devais la fin de ma soirée, et je veux vous la donner en vous écrivant. Ce sera au moins ne pas vous avoir quitté tout-à-fait. Puis-je, d'ailleurs, penser à autre chose et ce soir, et cette nuit, et demain encore, et tous les jours qui suivront, qu'à ce qui s'est dit et passé il n'y a qu'un instant entre nous? J'en suis hors de moi, mon ami. Je ne sais si je pourrai finir ma lettre. Je tremble en la commençant, et le bruit d'une voiture dans la rue me la ferait interrompre, comme si on allait arriver exprès à cette heure pour me surprendre !

« C'est que vous seul jusqu'ici, Arthur, avez reçu de moi ces marques inconsidérées de tendresse. J'atteste hautement le ciel que je n'ai pas eu la moindre tache dans ma conduite avant de vous connaître. En sera-t-il toujours de même? Il faudrait vous éviter pour cela, car vous devenez bien à craindre, et des moments pareils à ceux de tout à l'heure ne se renouvelleraient pas sans danger. De grâce, soyez plus raisonnable. Epargnez notre liaison presque ancienne, à laquelle je suis déjà si accoutumée, et ne me réduisez jamais à une résolution qui, pour assurer le repos de ma vie, lui ôterait son plus doux charme.

« Où donc avez-vous pris, Arthur, qu'il n'y a qu'une espèce de preuves en amour, et qu'on ne peut croire à l'affection qu'on inspire à moins de les avoir obtenues? Eh quoi ! s'aimer, se le dire en regards, en paroles, se choisir, et, à la campagne, à travers le monde, se rejoindre chastement dans l'intimité, languir dans l'absence, vous écrire comme je fais, ne sont-ce pas là des preuves auxquelles on doit se fier, et ne comptez-vous réellement que celles qui seraient misérables et fatales?

« Adieu; ne craignez aucune distraction de ma part. J'emporte avec moi trop de souvenirs d'ici, et j'en retrouverai trop là-bas pour vous oublier. Les lieux que je vais revoir me paraîtront pleins de ma pensée. Le soleil y sera un peu plus pâle cette fois, et la nature un peu plus mourante que quand nous y étions ensemble. Ma tristesse s'en accommodera mieux, et ma tristesse loin de vous, c'est mon seul bonheur.

« Adieu. »

Et mon inspiration s'enrichissant à l'instant même de l'émotion que j'éprouvais, je lui répondis :

O que son jeune cœur soit paisible et repose,
Que rien n'attriste plus ses yeux bleus obscurcis,

Pour Elle le sourire et les larmes sans cause !
Pour moi les vrais soucis !

Pour moi le sacrifice et sa brûlante veille,
Le silence et l'ennui de ne rien exprimer,
Comme au novice amant qui croit que c'est merveille
Qu'on puisse un jour l'aimer !

Pour moi, lorsqu'en passant son doux regard m'attire
Et dit avec bonheur : *Arthur, ne viens-tu pas?*
Pour moi, le lourd fardeau de moins souvent lui dire
Ce qui gêne mes pas !

De moins souvent mêler mon haleine à la sienne,
Et le soir, à l'abri du monde et des rivaux,
De n'oser éclairer sa tendresse ancienne
A des rayons nouveaux !

Pour moi, de ne plus lire à sa face pâlie
Les signes orageux d'un céleste avenir !
Pour Elle, les trésors de la mélancolie,
La paix du souvenir ;

Le bonheur souverain de gouverner une âme,
De la sentir à soi, muette, à son côté,
Des gazons sous ses pas, et son pur front de femme
Dans la sérénité ;

Un sommeil sans remords, avec l'essaim fidèle
Et les songes légers d'un amour sans effroi !
Amour ! abeille d'or ! ô tout le miel pour Elle,
Et l'aiguillon pour moi !

XXXII

Ces transports étaient sincères quand je les exprimais ; mais ils ne se maintenaient pas à ce degré d'élévation et de désintéressement.

Après un accès généreux, je retombais aux désirs et aux calculs d'une galanterie rompue aux triomphes.

L'amour que je ressentais alors était un goût vif, un attrait impérieux. Ce n'est que bien plus tard qu'il devint une passion.

Élyse elle-même, dans la disposition tendre et inquiète de son cœur, n'eût pas toujours pris en bonne part une réserve qui lui eût paru suspecte de négligence. Elle avait besoin de protestations infinies, de promesses souvent enfreintes, de mes attaques à l'appui de mes serments, et d'être sans cesse effrayée sur elle, avant de s'habituer à compter sur moi.

L'hiver arriva et nous reprit dans son cercle de plaisirs, de fêtes.

Nous ne passions presque aucun jour sans nous voir au moins une fois.

Je la retrouvais le soir dans le monde, après l'avoir visitée au matin, dans l'intimité. Partout elle était pour moi la même. La foule n'interrompait pas l'intimité pour moi.

. . . .

Le manuscrit de Sainte-Beuve s'arrête malheureusement ici. Il ne contient donc ni l'analyse du développement de la dernière passion d'Arthur, ni le récit de la trahison d'Élyse, ni enfin celui de la conversion définitive du héros, après tant d'expériences diverses suivies d'amères déceptions.

Le fait est d'autant plus regrettable que l'*Arthur* publié par Guttinguer en 1836 sur le même sujet est fort différent des pages qu'on vient de lire. Parlant en réalité de lui-même, l'auteur glisse beaucoup plus rapidement sur tous les faits racontés, afin d'arriver sans retard à la conversion de son héros. En revanche, plusieurs épisodes du livre n'ont pu prendre place dans le début de l'ouvrage écrit par Sainte-Beuve. S'il l'eût terminé, sa version les eût probablement contenus aussi. Mais elle eût été sans doute traitée d'une façon infiniment plus romanesque, aussi bien par les détails recueillis que par la forme qu'il leur eût donnée.

Guttinguer avait du reste remis de nombreuses notes à son ami afin de le guider au milieu de toutes les liaisons qu'Arthur mène de front et déplore tour à tour. Ainsi, la lettre autographe écrite de Rouen à Guttinguer par celle qui dans le roman s'appelle Elyse, mais dont le nom véritable était Rosalie, — lettre à peine paraphrasée par Sainte-Beuve aux dernières pages de son travail, — est jointe au manuscrit de ce fragment.

Malgré son style suranné et ses incessants dithyrambes, l'*Arthur* de Guttinguer n'en demeure pas moins un livre fort curieux. Aussi, sous ces réserves, le jugement porté sur lui par le célèbre critique est-il encore tout à fait juste.

Nous avons déjà rappelé que, par suite de son extrême impressionnabilité, Guttinguer n'a pas attaché son nom à tous ses volumes. C'est ainsi qu'outre son premier *Arthur*, il mit au jour, non moins anonymement, un petit livre qui lui tint pourtant fort à cœur. Nous voulons parler de l'opuscule dont Sainte-Beuve, sous le titre de : *Pensées choisies*, de Saint-Martin, a fait mention dans son étude sur le Philosophe inconnu, étude qui fait partie du tome dix des *Causeries du Lundi*.

Or, chose rare chez Sainte-Beuve, le titre cité par lui est inexact, et ce n'est pas sans peine que nous avons réussi à retrouver l'ouvrage dont il s'agit. C'est une mince brochure, sans aucun nom d'auteur, intitulée : « *Philosophie religieuse*. Premier volume. *Saint-Martin.* » Imprimée à Rouen, chez le même imprimeur que l'*Arthur* de 1834, elle parut à Paris chez le libraire Toulouse, en avril 1835, et ne semble avoir eu d'ailleurs aucun succès, ni aucun retentissement (1).

Le début de la liaison des deux écrivains remonte à 1829. Ils s'étaient rencontrés pour la première fois chez Victor Hugo, le chef dès lors reconnu du mouvement romantique. Passionnés l'un et l'autre pour l'art nouveau, ayant au même degré l'horreur de l'école classique, leur intimité, malgré la grande différence d'âge existant entre eux, s'était promptement établie. En effet, Sainte-Beuve, le plus

(1) Voir le numéro 1866, dans la *Bibliographie de la France* du 4 avril 1835.

jeune des deux, comptait une vingtaine d'années de moins que Guttinguer, né en 1785. Cela n'empêcha pas la nature enthousiaste, tendre, faible et mystique de ce dernier de se manifester à chaque page de la longue correspondance qu'il entretint jusqu'à la fin de sa vie avec son collaborateur manqué.

A la création du cénacle et à l'origine de leurs relations, le mysticisme de l'auteur des *Consolations* se rapprochait beaucoup de celui de son aîné. Mais, par la suite, il s'en écarta d'autant plus sensiblement que Guttinguer, au contraire, s'y plongea davantage, mêlant de plus en plus, dans la confusion de son passé et de son présent, les doctrines catholiques les plus austères aux faiblesses humaines les moins orthodoxes. Cela ne l'empêchait point de prêcher à tout venant la bonne doctrine, sans se rendre compte de l'effet que produisait sur l'esprit de ses auditeurs le singulier contraste créé par son spiritualisme charnel et sa religiosité païenne amalgamés. Aussi l'irrévérence et les moqueries avec lesquelles ses théories étaient accueillies par eux l'atteignirent-elles souvent jusqu'aux fibres les plus sensibles de son être.

Après avoir lu le début de l'*Arthur* de Sainte-Beuve modelé sur un tel apôtre, on peut facilement se rendre compte combien ses vertueuses prédications devaient sembler peu sérieuses à ceux qu'il en accablait.

Un jour vint pourtant où le bizarre désaccord qui régnait entre ses principes et ses exemples cessa, car, à la suite d'une maladie grave, notre écrivain, veuf depuis longtemps, régularisa enfin sa situation par un second mariage, aussi tardif que moralement nécessaire. Malheureusement, sa rigidité, devenue cette fois logique, le rendit ensuite moins indulgent que jamais pour les anciens fondateurs du cénacle, jadis ses camarades, ses compagnons préférés.

Quelques années plus tard, Victor Hugo surtout devint l'objet presque incessant de ses attaques littéraires, dans les journaux où il écrivait alors, tels que *la Mode, la Mode Nouvelle, la Gazette de France,* etc. En revanche, sa plume fut toujours relativement bienveillante pour Sainte-Beuve, qui, de son côté, resta le plus souvent déférent et ému en parlant de ses amis et de ses croyances d'autrefois. Soit espoir de ramener ce dernier aux doctrines de leur jeunesse, soit par suite d'autres souvenirs communs, plus intimes encore, Guttinguer, dans ses écrits comme dans ses lettres, lui témoigna sans relâche la plus tendre sympathie.

Vers la fin de sa vie, le sensible Ulric, plus qu'octogénaire, donna l'ordre de remettre après sa mort (21 septembre 1866) à son célèbre ami un cahier manuscrit, avec autorisation pour ce dernier d'en user à sa guise. Mais Sainte-Beuve ne trouva sans doute aucun moyen d'en tirer avantageusement parti pour la mémoire de l'auteur, car les pages en question, toujours inédites, sont aujourd'hui entre nos mains.

Les lettres échangées entre eux sont à coup sûr beaucoup plus précieuses. Le maître n'avait pas gardé toutes celles qu'il avait reçues de Guttinguer. Il s'en faut de beaucoup. Il en reste cependant plus d'une centaine, presque toutes écrites de 1829 à 1837. A partir de cette date, c'est-à-dire à l'époque de son départ pour la Suisse, Sainte-Beuve ne garda sans doute plus la suite de ces lettres, car jusqu'en 1857 il ne s'en trouve pas une seule dans le dossier, et de 1857 à la mort de Guttinguer (1866), il n'en existe qu'une dizaine tout au plus.

Malgré les lacunes de cette correspondance, ce qu'il en subsiste est néanmoins tout à fait intéressant, car, outre les confidences personnelles que ces lettres contiennent, il y est fréquemment question de Lamartine, d'Alfred de Musset, de son ami Tattet, puis, surtout, de Victor Hugo et de tous les siens.

Les réponses de Sainte-Beuve, — dont nous ne connaissons malheureusement qu'une trentaine, presque toutes écrites de 1836 à 1839, — ne doivent pas être moins curieuses. Or, de 1829 à 1866, il adressa certainement un très grand nombre de lettres à Guttinguer. Si elles existent encore, en quelles mains peuvent-elles se trouver maintenant ? Nous serions bien désireux de le savoir, dans l'espoir d'en prendre connaissance à notre tour. Mais les souhaits de ce genre font partie des désirs, toujours inassouvis, de tout vrai chercheur. Ils lui font parfois oublier ses meilleures découvertes, pour ne s'attacher qu'aux lacunes, trop souvent impossibles à combler, qui ne lui permettent pas de compléter à son gré ses recherches et ses travaux.

Quoi qu'il en soit, rappelons, avant de quitter la plume, que si, chez Sainte-Beuve, le critique incomparable a quelque peu fait tort au poète et au romancier, *Joseph Delorme, les Consolations* et *Volupté* n'en demeurent pas moins des œuvres considérables, dont l'action et le succès, d'éclat si vif à leur naissance, se prolongèrent pendant fort longtemps. L'auteur souffrit même plus d'une fois de l'ombre et du silence relatifs qui envahirent peu à peu ses ouvrages d'imagination au profit de ses jugements littéraires. Aussi, s'il s'intéresse encore aujourd'hui à ses productions d'ici-bas, nous espérons qu'il accueillera sans trop de déplaisir la publication du début complet de son premier roman. Peut-être même, — puisqu'il l'avait conservé avec tant de soin, — la mise au jour de ces pages lui causera-t-elle, dans l'Empyrée des grands écrivains, une véritable satisfaction.

APPENDICE

Sainte-Beuve avait encore ébauché une quatrième pièce de vers destinée à ce roman. Quoique contenant quelques strophes terminées, ce n'est guère qu'un canevas. En voici le texte.

Encore une innocente abeille
. . . .
Encore . . . .
Encore une blanche colombe
Dans les filets de l'oiseleur.

Encore un cœur, pauvre victime,
Pris au mensonge des discours,
Un front qui se mire à l'abîme,
Des yeux que le bonheur anime
Dévoués à pleurer toujours !

Encore une douce enfant d'Ève
Assise en un jardin heureux,
Qui cueille, sur la foi d'un rêve,
Les fruits d'une coupable sève,
Et dont le goût est savoureux !

Elle est à ses premiers encore
Et bénit le ciel au réveil ;
Elle se sent, dit-elle, éclore,
Et croit qu'un bonheur qu'on ignore
Rend son cœur aux anges pareil !

Patience, ô crédule amante ;
Des hivers attends la moisson.
. . . .
. . . . fermente
. . . . le soupçon.

(Changer ici de rythme)

. . . . ton Arthur !
. . . .

. . . .
. . .

II

LE PROSPECTUS

POUR LES

ŒUVRES COMPLÈTES DE VICTOR HUGO

De tous les écrits imprimés de Sainte-Beuve, non retrouvés pendant sa vie, aucun n'a provoqué plus d'erreurs, de méprises et de confusions que le *Prospectus* dont il s'agit ici.

Il faut d'ailleurs l'avouer, c'est l'auteur lui-même qui les a presque toutes fait naître, en ne donnant pas la vraie clé du mystère, lorsque, dans une note de sa main destinée à paraître de son vivant, mais publiée seulement après sa mort, il a, le premier, signalé ces pages à ses lecteurs. Aussi, n'est-ce pas sans peine que nous sommes enfin parvenu à nous reconnaître au milieu des bévues de toutes sortes accumulées autour d'elles. Ne nous en plaignons pas trop cependant, car sans tant d'inexactitudes diverses la chance de découvrir cet écrit, introuvable quoique passionnément recherché, ne nous eût sans doute pas été réservée. Sans elles, en effet, parmi tous les chercheurs qui se sont vainement mis à la poursuite de ce document, quelque autre de nos émules fût probablement arrivé bien avant nous à le remettre au jour.

Mais procédons par ordre et, avant de le transcrire, reconstituons définitivement, pièces à l'appui, son véritable état civil. Disons aussi qu'afin d'éviter les inutiles répétitions de textes, nous avons fait certaines coupures dans les fragments cités, coupures d'ailleurs toujours indiquées par des points.

C'est en 1875, à la page 344 du tome trois de la première édition des *Premiers Lundis* (1), rassemblés par M. Jules Troubat, le légataire et le dernier secrétaire de Sainte-Beuve, qu'en

(1) Trois volumes in-12, Calmann Lévy.

tête d'autres indications données par le maître sur ses articles anonymes ou non authentiqués, parurent pour la première fois les lignes suivantes :

« J'ai, en bien des cas, prêté ma plume à mes amis, en me mettant à leur lieu et place, et en faisant ce qu'ils désiraient de moi. Par exemple :

« Il y a tel *Prospectus* des œuvres de Victor Hugo (en 1829, chez Gosselin), signé Amédée Pichot, et où Wordsworth est cité sur Shakespeare, qui est de moi. »

. . . .

Remarquons d'abord que tous les morceaux dont Sainte-Beuve parle ensuite ont été imprimés dans le volume même, immédiatement après cette note, ou bien avaient déjà reparu auparavant, dans ses précédents ouvrages. Ce *Prospectus* seul fait défaut partout.

M. Troubat nous apprend ailleurs que cette

note bibliographique avait été destinée par Sainte-Beuve à la troisième édition du tome onze des *Causeries du Lundi,* mise en vente en 1868. C'est donc vers ce moment qu'elle dut être rédigée, un an environ avant la mort de l'auteur, survenue, comme on sait, le 13 octobre 1869.

Par suite d'une méprise, semble-t-il, la série de *Notes et remarques* dont elle fait partie ne fut point insérée dans le volume en question. Leur ensemble ne parut pour la première fois qu'en mars 1881, à la page 40 de l'édition originale, — qui ne porte aucun millésime, — de la *Table des Causeries du Lundi,* rédigée par M. Pierret (1). Mais, ainsi que nous venons de le voir, la note isolée qui nous occupe en avait été distraite dès 1875 pour entrer dans le tome trois des *Premiers Lundis,* où M. Troubat l'avait accompagnée des renseignements suivants :

(1) Les détails précédents sont donnés par M. Troubat

« Nous signalons ce *Prospectus* aux amateurs; il nous a été impossible de nous le procurer. Il manque à la Bibliothèque Nationale, bien qu'il soit indiqué comme *déposé* sur le *Journal de la Librairie*. Mais la Bibliothèque Nationale n'a pas non plus l'édition des Œuvres de Victor Hugo désignée ici. »

De même, M. Edmond Biré, dont on connaît le merveilleux esprit d'investigation, dans son *Victor Hugo avant 1830*, publie cette note (1) :

« Nous avons vainement essayé de retrouver ce *Prospectus*; il manque à la Bibliothèque Nationale. »

Et pourtant, sans s'en douter, il en imprime ensuite un fragment dans *Victor Hugo après*

à la page 2 de l'*Avertissement* de cette *Table*, publiée chez Garnier frères.

(1) Page 463 de la nouvelle édition. In-12, Perrin, 1885.

1830 (1). Voici à quelle occasion. « M. Gosselin, dit M. Biré, avait acheté *les Orientales*. Restait à lancer le volume. Ce fut « Sainte-Beuve qui, sur la demande du poète, « se chargea de rédiger, à cet effet, une superbe réclame, si belle qu'il refusa d'y laisser « mettre non seulement son nom, mais même « ses initiales. » Ceci se passait au mois de décembre 1828. Victor Hugo avait écrit à son éditeur une lettre qu'on lira plus loin dans laquelle il est parlé du travail en question, et M. Biré ajoute : « Voici un extrait de ce prospectus, qui parut sous les initiales E. T. » Or, comme on le verra, les quelques lignes qu'il en cite dans son livre sont extraites des dernières pages du morceau vainement cherché jusqu'ici, car la soi-disant *réclame-prospectus* des *Orientales* et le *prospectus* des *Œuvres complètes* ne sont en réalité qu'une seule et même chose.

(1) T. I, p. 38-39. In-12, Perrin, 1891.

Ainsi que M. Biré l'indique sur-le-champ, c'est au numéro du 2 octobre 1831 de *la Gazette des Tribunaux* que ces textes et la plupart de ces détails sont empruntés. Nous reviendrons tout à l'heure à ce numéro.

Enfin, M. Georges Vicaire, qui poursuit avec un zèle et une conscience admirables l'achèvement de l'ouvrage le plus complet et le plus parfait qu'on ait entrepris sur les livres de ce siècle, imprime ce qui suit, à propos de la première édition des *Orientales*, dans le neuvième fascicule de son *Manuel de l'Amateur de livres du XIXe siècle* (1) :

« ... Faux titre portant : « Œuvres de Victor Hugo, »... préface datée de janvier 1829.

. . . .

« On lit sur le plat verso de la couverture : « Le prospectus des Œuvres de M. Victor

(1) Grand in-8° à deux colonnes, p. 244 à 248, Rouquette, 1898.

Hugo se trouve en tête de ce volume. »

. . . .

« Le prospectus est signé, page 12, des initiales E. T. D'après une lettre de Victor Hugo à Charles Gosselin, ces initiales cacheraient Sainte-Beuve...

« D'autre part, Sainte-Beuve écrit... à propos d'un prospectus destiné à annoncer les Œuvres complètes d'Hugo, » etc. (Voir les paragraphes cités au début de notre travail.)

« Peut-être la mémoire du célèbre critique, qui écrivait ces lignes longtemps après la rédaction du prospectus, l'a-t-elle trompé;... Victor Hugo... proposait de signer ce document d'un nom en toutes lettres, ou de simples initiales qui ne seraient pas celles de Sainte-Beuve, et c'est peut-être de là que viendrait la confusion faite par l'auteur des *Lundis*.

« La *Bibliographie de la France,* qui enregistre ce prospectus dans son numéro du

24 janvier 1829, n'en indique pas la signature (1).

« Voir, au sujet de cette édition Gosselin, dans *la France littéraire,* tome quatre, page 158, la note de Quérard, que nous ne signalons, bien entendu, qu'à titre de pure curiosité. »

Ainsi qu'on vient de s'en rendre compte par toutes ces citations, personne, à l'heure présente, ne connaît l'insaisissable prospectus, et la question demeure non tranchée, obscure et embrouillée.

Avant d'y porter la lumière définitive, revenons au numéro du 2 octobre 1831 de *la Gazette des Tribunaux*. Il renferme le compte rendu d'un procès, relatif à certaines œuvres de Victor Hugo, qu'intenta le libraire Gosselin à son célèbre confrère Renduel, et, de même que M. Biré, nous emprunterons ce qui suit à

(1) La première édition des *Orientales* est enregistrée dans le même numéro de la *Bibliographie de la France*.

la plaidoirie de Me Henri Nouguier, avocat du premier de ces éditeurs :

« Pour justifier la réclamation de M. Gosselin, il convient de faire connaître quelques antécédents de M. Victor Hugo. Il s'agissait, entre le libraire et le poète, de la publication des *Orientales*. L'auteur écrivit à mon client la lettre curieuse dont suit la teneur littérale :

« Voici le bon à tirer de Sainte-Beuve; il « convient aussi que des initiales quelconques « seraient nécessaires. Mais ce ne peuvent « être les siennes, — M. Gosselin devine « pourquoi, — et ses raisons sont excellentes. « Il faudrait donc deux lettres quelconques : « A, B, — C, D, — E, F, etc., ou, mieux « encore, le nom en toutes lettres de quel- « qu'un qui le voudrait bien, et que M. Gos- « selin pourrait peut-être trouver. C'est d'ail- « leurs un excellent morceau, et qui ne peut « que faire honneur au signataire. Pour le dire

« en passant, il serait fort important et fort « utile que les journaux le publiassent comme « article avant qu'il parût comme prospectus. « Je m'en repose pour cela sur M. Gosselin, « que je regrette bien de n'avoir pu trouver « chez lui; il m'a été impossible de sortir « avant quatre heures et demie.

« Mille compliments.

« V[ictor] H[UGO]. »

« A peine cette lettre fut-elle parvenue à son adresse, qu'il parut un *superbe* prospectus, signé E. T., et dans lequel on lisait :

« Nul doute que Victor Hugo ne soit pour « notre scène moderne un de ces solides or- « nements et de ces astres splendides aux- « quels il est donné de briller longtemps... Il « a grandi au milieu des attaques et des cla- « meurs; de jour en jour cette portion d'admi- « rateurs ardents et sincères s'est grossie, s'est « ralliée, et aujourd'hui chacun de ses chants

« trouve des milliers d'échos dans la jeune
« France. Ce public, contemporain du poète,
« marche avec lui et le porte à la gloire ; les
« traductions de ses œuvres s'impriment en
« Angleterre, en Allemagne, en Suède et en
« Russie. »

Or, nous l'avons déjà indiqué, les lignes qu'on vient de lire, et qui sont citées aussi par M. Biré, font partie des deux derniers paragraphes du prospectus retrouvé.

Mais la plaidoirie de Me Nouguier ne demeura pas sans protestation. Dès le surlendemain du jour de son apparition dans *la Gazette des Tribunaux*, M. Renduel, pris à partie, adressa au rédacteur en chef du journal une longue lettre, qui parut seulement dans le numéro du 14 octobre 1831. Nous en extrayons le passage suivant :

« 4 octobre 1831.

. . . .

« Quant au prospectus dont M. Gosselin essaie de faire bruit, que dirait-il si M. Hugo lui montrait ces lignes qu'il possède, écrites également de la propre main de M. Gosselin, dans une lettre du mois de décembre 1828 : « Il me faut un prospectus; je le ferais bien « faire, mais il me faut un canevas; ne pou- « vez-vous en faire écrire quelques morceaux « par quelqu'un ayant votre confiance? Don- « nez-nous les idées, les éloges nous regar- « deront. » C'est sur cette lettre menaçante, et dans la crainte que M. Gosselin ne fît lui-même ce prospectus, que M. Hugo pria un de ses plus honorables amis de s'en charger. Cet ami, célèbre à juste titre dans les lettres, y consentit; mais ne se souciant pas de signer un *prospectus,* il demanda le secret, que M. Gosselin lui promit. Vous voyez, Monsieur, comme

M. Gosselin lui a tenu parole. Quant à M. Hugo, qui pourrait lui faire un reproche d'avoir recherché l'appréciation consciencieuse d'un écrivain de talent, d'honneur et de renommée?

. . . .

« Eugène RENDUEL. »

Si ces lignes n'émanent pas de Victor Hugo en personne, elles ont, à coup sûr, dû recevoir son approbation, puisqu'il n'y est guère question que de ses démarches personnelles et d'une lettre à lui adressée. On remarquera aussi combien les intentions primitives de Sainte-Beuve au sujet de ce prospectus s'étaient modifiées avec l'âge et le temps écoulé, puisqu'en 1868 il revendiquait la paternité de ces pages, qu'en 1828 il avait refusé de signer!

La méprise principale, d'où naquirent la plupart des autres, provient donc, nous l'avons fait voir, du fait qu'on attribua à Sainte-Beuve la rédaction de *deux réclames :* l'une, sous la forme de *Prospectus*, destinée aux *Œuvres complètes* de Victor Hugo ; l'autre uniquement relative aux *Orientales*. Or, il n'en exista jamais qu'une seule : le *Prospectus* des *Œuvres complètes*, qui fut joint à la première édition des *Orientales*, — comme on le verra, troisième volume, en réalité, de la future réunion des Œuvres. Cette publication complète étant demeurée à l'état de projet, son ensemble ne fait donc pas lacune, comme on le pensait, à la Bibliothèque Nationale. On n'a pas oublié non plus ces renseignements donnés par M. Georges Vicaire : *les Orientales* portent au faux titre la mention : « *Œuvres de Victor Hugo,* » et le prospectus en question de ces Œuvres est indiqué au plat verso de la couverture du volume comme placé en tête de ses pages.

Bien que Sainte-Beuve précise, dans l'article intitulé : *Victor Hugo en 1831*, que *les Orientales* parurent en décembre 1828, elles ne furent sans doute mises en vente qu'en janvier

1829, date que porte leur préface. L'œuvre, on s'en souvient, ne fut en tout cas enregistrée dans la *Bibliographie de la France* que le 24 de ce dernier mois.

Voici de quels ouvrages devaient se composer à cette date les dix volumes annoncés des *Œuvres complètes de Victor Hugo :*

1 et 2. *Odes et Ballades* (cinquième édition, augmentée de l'*Ode à la Colonne* et de dix pièces nouvelles) (1).

3. *Les Orientales* (première édition).

4 et 5. *Han d'Islande* (quatrième édition).

6 et 7. *Bug Jargal. — Le Dernier Jour d'un condamné.*

8. *Cromwell* (deuxième édition).

9 et 10. *Notre-Dame de Paris* (première édition).

(1) Cette cinquième édition, avec de nouveaux titres, n'est autre, nous apprend M. Vicaire, que la quatrième, publiée chez Gosselin en octobre 1828, portant aux faux titres, comme *les Orientales :* « Œuvres de Victor Hugo. » Ces deux ouvrages sont donc les seuls parus de l'édition projetée.

Notons que, sans parler des *Orientales,* mises au jour seulement à la même date que le *Prospectus* qu'on va lire, celui-ci s'exprime aussi sur *le Dernier Jour d'un condamné* comme s'il s'agissait d'un ouvrage antérieurement publié, alors que sa première édition est postérieure de plusieurs semaines à celle du morceau qui nous occupe. Quant à *Notre-Dame de Paris,* elle ne parut que deux ans plus tard, en mars 1831, toujours chez l'éditeur Gosselin. Quelques mois après, un autre ouvrage célèbre fut encore publié chez le même libraire. Nous voulons parler de *la Peau de Chagrin,* par Honoré de Balzac. Les deux œuvres étaient composées presque en même temps à l'imprimerie Cosson, et l'aspect typographique de leur première édition est identique.

Une note curieuse de Quérard, à laquelle M. Vicaire fait allusion plus haut, — note vraiment inouïe lorsqu'on la lit en négligeant de se rappeler la date de ce factum et l'état d'esprit des classiques lors de l'avènement du romantisme, — nous fait recueillir ici le libellé complet de l'en-tête du prospectus retrouvé. Il porte en grandes lettres : « *Souscription. — Œuvres complètes de Victor Hugo. — Prospectus,* » et se termine par les mentions suivantes : « On souscrit à Paris, chez Charles Gosselin, etc., Hector Bossange, etc. Janvier 1829. »

La note de Quérard est insérée, comme on sait, dans le tome quatre de *la France littéraire*, publié en 1830. Voici cette incroyable diatribe :

« Les *Œuvres complètes* de ce réformateur littéraire, devant se composer de dix volumes in-octavo ornés de vignettes, ont été promises en 1829 aux amateurs du beau romantique; mais, jusqu'à ce jour (fin de juin 1830), rien n'a paru; les souscripteurs, pour l'honneur de notre littérature, se sont trouvés en trop petit nombre. »

Expliquons maintenant l'origine de toutes ces confusions, ayant eu pour point de départ, nous l'avons dit, l'inexactitude du premier renseignement donné par Sainte-Beuve lui-même. Sa note affirme, en effet, que son prospectus parut sous la signature d'Amédée Pichot. D'autre part, Victor Hugo, dans sa lettre à M. Gosselin, proposait qu'il fût signé de deux initiales quelconques, — autres que celles de Sainte-Beuve, — ou d'un nom réel complet. Ces combinaisons inusitées furent certainement discutées entre eux trois, et l'accord dut s'établir, en principe, sur le nom d'Amédée Pichot. Les *Œuvres de Lord Byron* (1823-1825), parues chez Ladvocat en huit volumes in-octavo, « édition entièrement revue et corrigée par A. P....t, » et accompagnée d'une *Notice* par Charles Nodier, fournissent d'ailleurs la preuve qu'Amédée Pichot ne signait pas toujours en toutes lettres les travaux dont il était néanmoins l'auteur, car cette publication, où son nom est incomplètement indiqué, lui est universellement attribuée dans tous les manuels bibliographiques. Mais, à cette occasion, il n'accepta sans doute pas la solution signalée plus haut. Il fallut sûrement en revenir alors aux initiales, et se résoudre à l'emploi de ce dernier moyen, tel qu'il fut appliqué, — expédient auquel personne n'a songé jusqu'ici, — c'est-à-dire prendre, tout semble l'indiquer, non les premières initiales du nom complet choisi, mais les dernières lettres de ce nom, vraisemblablement de façon à rendre impossible une tentative quelconque de réclamation ou de protestation. En tout cas, ainsi fut fait, et le prospectus porta pour signature, au moins dans l'intention des intéressés, le nom d'[Amédé]e [Picho]t, autrement dit d'E. T.

Telle est la clé de ce petit mystère. Probablement le nom du signataire primitivement choisi demeura seul dans la mémoire de Sainte-Beuve, qui dut, en conséquence, oublier le détail ci-dessus. L'auteur des *Causeries du Lundi*, presque toujours si précis lorsqu'il s'agit des autres, n'est d'ailleurs pas plus exact à propos du mot de Wordsworth, qu'il prétend être « cité sur Shakespeare » dans son texte. Il se peut que cette phrase de Wordsworth ait trait au grand dramaturge anglais dans l'ouvrage d'où Sainte-Beuve doit l'avoir tirée. Mais rien ne l'indique dans son morceau, où le nom de Shakespeare n'est même pas imprimé une seule fois.

Il résulte de tout ce qui précède que le *Prospectus* des œuvres de Victor Hugo, signé en toutes lettres : Amédée Pichot, ne peut donc manquer à la Bibliothèque Nationale, puisque ce prospectus, — pas plus que l'édition complète des *Œuvres*, — n'a jamais existé. Mais celui qu'on va lire, celui signé : E. T., elle doit le posséder, puisqu'il a été régulièrement déposé.

ŒUVRES COMPLÈTES DE VICTOR HUGO

PROSPECTUS

« La poésie a trois âges, dont chacun cor-
« respond à une époque de la société : l'ode,
« l'épopée, le drame. Les temps primitifs sont
« lyriques, les temps antiques sont épiques,
« les temps modernes sont dramatiques. »

C'est ainsi que s'exprime, dans la préface de *Cromwell,* l'auteur dont on annonce ici les œuvres. Ce qu'il dit de la société en général s'applique à l'âme du poète en particulier, quand l'âme du poète est complète; le triple élément lyrique, épique et dramatique s'y rencontre en germe, et s'y développe dans l'ordre marqué plus haut; seulement l'échelle est moins vaste, la scène moins immense, et les péripéties n'ont besoin que d'années et non de siècles pour s'accomplir.

Une âme complète de poète aura donc trois âges, comme la grande âme poétique de la société humaine; elle débutera par l'ode et passera par la forme épique avant de se dérouler avec toutes ses puissances dans le drame.

Nous disons *une âme complète de poète,* car il y a des âmes hautement et admirablement poétiques qui, par une loi singulière de leur nature, sont exclusivement vouées à un mode de chant. La plupart de ces âmes prédestinées s'en tiennent au lyrisme, et dans le lyrisme à la rêverie; aussi hautes et aussi sublimes que les âmes poétiques plus complètes, elles sont moins vastes et tiennent moins largement à l'humanité par leur base.

Bien jeune encore, et à ne le juger que par ses œuvres déjà publiées, M. Victor Hugo appartient à la famille de ces nobles âmes dans lesquelles les divers éléments poétiques fondamentaux préexistent, coexistent et se développent dans l'ordre de succession naturel et nécessaire. Il a débuté dans l'ode, l'a parcourue dans tous les sens, s'est élancé dans le roman, véritable forme épique de notre époque, et arrivant au drame, lui a fait faire le plus grand pas qui soit possible dans les voies nouvelles, avant la représentation théâtrale.

Il a débuté par l'ode, disons-nous, et il l'a véritablement créée en France. Ronsard n'avait fait en ce genre que des études dignes d'estime, mais assez malheureuses. Malherbe et J.-B. Rousseau, avec des qualités précieuses de pureté, d'élégance et de gravité, manquent tout à fait d'élan, de chaleur, de sentiment, c'est-à-dire de génie lyrique. Le Brun, avec une âme plus puissante, est frappé de sécheresse et de raideur; il s'est fourvoyé d'ailleurs, comme Ronsard, dans la vieille mythologie et dans l'érudition pindarique. Victor Hugo, le premier peut-être depuis Pindare, et précisément parce qu'il n'a songé nullement à l'imiter, a conçu l'ode dans toute sa naïveté et dans toute sa splendeur, et en a fait, non pas une œuvre de cabinet, une étude ingénieuse et artificielle, mais un cri de passion, un chant solennel et inspiré. C'est surtout dans ses odes politiques que cette impérieuse passion, cette croyance à ce qu'on aime, à ce qu'on admire, cette colère généreuse contre ce qui semble funeste et méchant, éclate avec une vigueur irrésistible et déborde avec ivresse; il est telle de ces pièces de jeune homme, qui pourrait s'intituler : *la Marseillaise* de la Restauration. L'art même n'y semble pour rien d'abord, tant la conviction envahit tout; mais à mesure que le jeune homme mûrit, la conviction, sans se refroidir, laisse place à l'art, et on le retrouve à son plus haut degré de perfection dans *les Funérailles de Louis XVIII* et dans l'*Ode à la Colonne,* chefs-d'œuvre de ces pièces solennelles auxquelles l'auteur semble avoir apposé le sceau de clôture par une *Conclusion* qui est elle-même une ode admirable. Victor Hugo, en effet, ne conçoit l'ode politique que comme un cri violent de passion; et puisque aujourd'hui, grâce à Dieu, les passions violentes, même les plus nobles par leurs motifs, s'apaisent au sein de l'ordre dans notre belle France, le poète est le premier à briser sur sa lyre une corde désormais inutile. Mais dès la première jeunesse de l'auteur, et à côté de l'ode politique, une autre espèce d'ode prend naissance, dont il est aussi l'inventeur parmi nous. Je veux parler de l'ode d'imagination et de fantaisie, de l'ode pittoresque, de la ballade. Et là encore, on peut dire qu'il a passé par tous les progrès et qu'il les a épuisés. Le talent qui, à son début, jeta comme des essais puissants mais informes, le *Cauchemar* et *la Chauve-Souris,* s'est purifié dans *le Sylphe* et dans *Trilby,* a conquis le monde satanique par *la Ronde du Sabbat,* et le double ciel de l'Orient et du Nord par *la*

Fée et la Péri. Cette espèce d'ode, dans laquelle l'art est sur le premier plan et tient, pour ainsi dire, le gouvernail, a dû gagner singulièrement dans l'esprit de Victor Hugo, à mesure que l'orage politique s'est apaisé. *Les Orientales* ne sont qu'un développement magnifique de cette branche féconde. Mais avant d'atteindre à cette hauteur, Victor Hugo a parcouru plusieurs degrés, dont *Moïse sur le Nil* et le *Chant de fête de Néron* peuvent être considérés comme deux échelons principaux. Désormais il serait difficile de prévoir des progrès nouveaux dans cette manière d'artiste dont *le Feu du Ciel, Mazeppa* et *les Fantômes* sont le dernier mot. Nous venons de constater deux espèces d'odes dont la création en France appartient à notre auteur; il s'est encore exercé dans une troisième espèce, pour laquelle il rencontre d'illustres et chers rivaux parmi les contemporains, dans l'ode personnelle et rêveuse. Non pas que Victor Hugo ait pris soin d'isoler ses odes politiques et pittoresques de tout sentiment personnel, rêveur et mélancolique. Sa muse, au milieu de sa fatigue et de ses luttes civiles, ou bien au sein des régions éclatantes et sous le soleil de l'imagination et de la féerie, revient souvent se replonger aux sentiments les plus intimes de l'âme, et y puise une fraîcheur nouvelle : témoin son délicieux *Novembre*. Mais aussi quelquefois elle ne sort pas de l'âme; elle s'y renferme absolument, et nous en révèle par des chants plus doux les plus secrets mystères. Une telle espèce d'ode tient au cœur même du poète et doit durer tant que ce cœur continuera de battre. Victor Hugo s'y est livré dès les premiers temps, il n'y renoncera jamais; ce sera pour lui comme l'asile du foyer domestique, auquel on revient toujours avec plus de bonheur après une excursion plus longue.

Pour nous résumer sur le talent lyrique de Victor Hugo, nous dirons que, l'ode politique étant close par lui, l'ode rêveuse lui étant commune avec d'illustres rivaux, et en particulier avec Lamartine, sa spécialité la plus propre et la plus glorieuse est l'ode pittoresque ou d'imagination, dont *les Orientales* lui assurent le sceptre parmi les contemporains.

Une remarque importante, et qui ne peut trouver place ici qu'en passant, s'applique à ces trois espèces d'odes, telles que les a exécutées Victor Hugo. C'est qu'indépendamment du fonds d'idées et de sentiments qui les distingue, une seule et même forme poétique, inépuisable en richesses et infinie en variétés, les embrasse et les caractérise. En fait d'odes, Victor Hugo a créé la forme et le fond. On a dit, et avec raison, que depuis Ronsard aucun poète français n'avait inventé autant de rythmes que notre jeune contemporain. C'est un savant architecte en constructions lyriques; et sous ce rapport il est difficile de dire où il s'arrêtera, car les combinaisons sont à l'infini, et les difficultés d'exécution qui les limitent semblent nulles et disparaissent devant sa souplesse puissante.

Mais l'élément lyrique n'est pas le seul qui se rencontre dans le talent de Victor Hugo. L'époque moderne est dramatique avant tout, et lui, il est, avant tout, poète de l'époque moderne. *Han d'Islande,* si remarquable par la profondeur d'analyse de certains caractères, par d'admirables contrastes de fraîche pudeur et d'atroces cruautés, et par une étonnante fidélité de couleur et de physionomie locale, *Han d'Islande* serait encore le roman le plus fortement noué et le plus dramatique de notre littérature, si *Cinq Mars* n'existait pas. Là, chaque chapitre s'organise en scène et vit d'une vie propre; c'est un roman qui se déroule à travers une série de petits drames. *Han d'Islande* prépare *Cromwell.*

Dans *Bug-Jargal,* le romancier, avec la même originalité de caractère et la même fidélité de pinceau, a poussé plus avant l'analyse de l'âme humaine et de ses passions les plus étranges, mais sans chercher à relier son roman en drame. A une époque où l'imitation de

Walter Scott est presque une contagion nécessaire, même pour de très hauts talents, Victor Hugo s'est tenu à l'abri du soupçon par une diversité de manière incontestable. *Le Dernier Jour d'un condamné,* roman d'analyse, dans lequel toute la scène est psychologique, et dont les événements sont des idées, des sensations et des rêveries, se sépare encore plus complètement de la manière de l'écrivain écossais. Si jamais, comme il est probable, Victor Hugo se décide à porter sa puissance de combinaison romanesque sur une époque historique, il sera bien prouvé du moins qu'il n'y vient pas sur les traces d'autrui, et que là, non plus qu'ailleurs, son originalité n'aurait pas eu besoin de modèle (1). Le roman d'analyse, tel que l'ont exécuté d'habiles écrivains de nos jours, a été jusqu'ici touché presque seulement avec grâce, discrétion, finesse et douce mélancolie; quand d'ora-

(1) M. Victor Hugo termine en ce moment un roman historique, qui aura pour titre : *Notre-Dame de Paris.*

geuses passions y ont été retracées, comme dans *Werther* et *René*, ç'a été presque toujours une seule et même passion sous diverses formes, le vague d'un jeune et grand cœur qui ne trouve point ici-bas son objet; mais je ne sache pas qu'on ait encore analysé avec tant de profondeur et de précision des sentiments humains à la fois aussi intimes et aussi positifs qu'en ce dernier roman de Victor Hugo; jamais les fibres les plus déliées et les plus vibrantes de l'âme n'ont été à ce point mises à nu et en relief; c'est comme une dissection au vif sur le cerveau d'un condamné.

L'impression produite par le *Cromwell* est toute fraîche et récente; que dire là-dessus qui n'ait déjà été dit? L'esprit du poète, arrivé à une virilité complète, a senti le besoin d'aborder les choses de la vie et de s'y appliquer. Mais chemin faisant, et du premier coup, il s'est créé un admirable instrument dramatique qui va désormais lui servir en toutes les œuvres de ce genre. On voit que je veux parler du style et du vers de *Cromwell,* véritable style et véritable vers du drame moderne, qu'on ne retrouve précédemment en France que chez Molière, et encore exclusivement borné à la comédie. Quand l'auteur en composant *Cromwell* n'aurait réussi qu'en ce point, ce serait déjà un gain immense et une conquête féconde, condition préalable de tous progrès à venir. Est-il besoin de rappeler à combien d'autres titres *Cromwell* se distingue des essais jusqu'ici tentés dans la nouvelle voie? C'est la première fois surtout que l'école romantique prouve que ce qu'elle entend par vérité de mœurs et de langage n'exclut nullement la poésie, et qu'elle s'absout victorieusement du reproche de prosaïsme auquel d'estimables et piquantes productions n'avaient pas toujours suffisamment répondu. Il resterait même à savoir si le lyrisme, qui a comme occupé tout le premier âge poétique de Victor Hugo, n'empiète pas ici un peu trop sur les limites du second, et si quelque chose de plus sévère et de plus contenu ne sied pas davantage au tableau mouvant des choses de la vie. La représentation, au reste, peut seule éclairer ces points délicats ; et nul doute que, si elle s'ouvre prochainement aux œuvres nouvelles, comme tout le fait espérer, Victor Hugo ne soit pour notre scène moderne un de ces solides ornements et de ces astres splendides auxquels il est donné de briller longtemps et de s'éclipser eux-mêmes bien des fois. Aux gens qui nous demanderaient des preuves à l'appui de si belles espérances, nous nous contenterons de répondre : Attendez peu d'années encore. C'est par le succès seul qu'on les réduira au silence, et qui sait même s'ils ne s'aviseront pas de le nier? D'ailleurs, quoique le moment de la crise dramatique approche, il n'y a pas de temps perdu jusqu'ici. Le drame appartient à l'âge de la virilité la plus mûre. Or, le dix-neuvième siècle est bien jeune encore, et Victor Hugo est plus jeune que le siècle.

« Tout poète doué d'un génie original », a dit « Wordsworth, qui tient le mot de Coleridge, « est obligé de naturaliser parmi ses contem- « porains le genre d'esprit et de goût propre à « le faire apprécier, et de se créer lui-même « un public intelligent et sympathique. » Ainsi a dû faire M. de Chateaubriand, au commencement du siècle; ainsi fait aujourd'hui Victor Hugo. Il a débuté et grandi au milieu des attaques et des clameurs; de jour en jour, cette portion, d'abord infiniment petite et çà et là dispersée, d'admirateurs ardents et sincères, s'est grossie, s'est ralliée, et aujourd'hui chacun de ses chants trouve des milliers d'échos dans la jeune France. Ce public contemporain du poète marche avec lui et le porte à la gloire. Déjà les effets sont manifestes; le poète tant attaqué est lu de toutes parts; la critique s'irrite contre chaque œuvre nouvelle, et les éditions s'en multiplient, et des traductions s'en impriment en Angleterre, en Allemagne, en Suède et en Russie. La faveur, qu'il n'a jamais recherchée, lui arrive comme une justice.

E. T.

Comme complément à ce curieux épisode d'histoire littéraire, recueillons ici un autre détail inconnu relatif aux relations de Sainte-Beuve avec Victor Hugo. Une lettre que ce dernier lui adressa le 17 mai 1832 (1) se termine par ces mots :

. . . .

« Maintenant, vous serait-il possible d'ajouter à votre admirable article une page, n'importe où, à la fin par exemple, pour parler de l'édition en elle-même (2), des nouvelles pré-

(1) *Correspondance de Victor Hugo*, t. I, p. 288, in-8°, Calmann Lévy, 1896.

(2) L'édition Renduel de ses *Œuvres complètes,* qui parut en vingt-sept volumes, de 1832 à 1842.

faces, notamment de celle du *Dernier Jour d'un condamné*, qui a quelque étendue, sinon quelque importance, et pour dire que, lorsque la réimpression nouvelle de *Notre-Dame de Paris* paraîtra, le journal en reparlera, ainsi que des trois chapitres nouveaux, qui sont très longs, et où figure Louis XI ? Ceci est dans l'intérêt matériel de la chose et du libraire. Pardon ! Si vous y consentez, écrivez-moi s'il est nécessaire que je vous renvoie l'article, ou si, au contraire, vous pouvez faire cette addition sans cela, et me l'envoyer assez promptement pour que la remise du tout à M. Bertin ne soit pas trop retardée.

« Pardon encore, et mille fois merci.

« V[ICTOR HUGO]. »

Or, c'est de l'article ayant trait aux *Romans* de Victor Hugo, placé maintenant dans le tome premier des *Portraits contemporains*, qu'il est question dans ces lignes, et jusqu'ici personne n'a fait connaître dans quel recueil ou journal il fut primitivement inséré. Ce silence s'explique d'autant mieux, que la version originale de ces pages parut dans le *Journal des Débats* du 24 juillet 1832, portant seulement quelques points pour toute signature. Peut-être faut-il chercher la raison de cet anonymat dans la lettre même de Victor Hugo, demandant à son ami d'ajouter un dernier paragraphe au texte de son « admirable article ». Sainte-Beuve s'exécuta, mais il ne signa pas le morceau, et lorsqu'il le réunit pour la première fois à ses œuvres, c'est-à-dire en mai 1836, dans le tome deux de ses *Critiques et Portraits littéraires* (1), il supprima l'ajouté sollicité. Ce dernier, qui, lui aussi, va revoir pour la première fois la lumière, termine l'article dans le *Journal des Débats*.

Voici ces quelques lignes :

(1) In-8°, chez Renduel.

. . . .

« Nous n'achèverons pas sans signaler au public les perfectionnements notables et les additions importantes qu'offrent ou qu'offriront les divers écrits de l'auteur dans la présente édition. Parmi les nouvelles préfaces, celle du *Dernier Jour d'un condamné* forme, par son étendue et la vigueur des développements, un digne préambule au récit. Lors de la livraison prochaine [, composée] de *Notre-Dame de Paris,* on remarquera trois chapitres inédits fort longs, qui faisaient partie du premier travail de l'auteur, et dans lesquels Louis XI figure. Il sera piquant de comparer le Louis XI complet de M. Hugo avec les autres portraits récents que nous connaissons de ce roi. En un mot, la publication dont il s'agit, en ajoutant quelque chose au mérite de chaque ouvrage, doit en rajeunir et en multiplier le succès.

« . . . . . »

La lettre de Victor Hugo citée plus haut prouve que les pages de cette étude recueillies par leur auteur, quoique portant en volume la date de juillet 1832, étaient déjà écrites au mois de mai précédent.

Enfin, en mai 1836, les relations et les appréciations des deux anciens amis ayant subi les altérations que l'on sait, Sainte-Beuve indiqua discrètement cette modification par les quelques phrases suivantes, ajoutées à cette date, et qui terminent depuis lors le paragraphe précédant les deux derniers de l'article actuel. Cette intercalation, complétée en même temps par la note ci-dessous, telles sont les uniques adjonctions faites au texte primitif. Après les mots : « Gringoire nous promet, au nom de Victor Hugo, bien des romans, » on lit désormais :

« Il nous les promettrait plus attrayants encore, si quelque affection modérée humanisait davantage, interrompait parfois et liait entre elles ses humeurs bizarres (1). »

On retrouve dans son refus de signer un travail où tout n'était pas spontané, puis dans la suppression de ses lignes de complaisance lors de la réimpression du morceau, cette conscience d'écrivain, cette notion élevée de la mission du critique, dont le maître ne se départit jamais sciemment. On le sait aujourd'hui, l'amitié n'était pas seule en cause lorsqu'il écrivit le paragraphe demandé. C'est d'ailleurs, pensons-nous, le seul exemple qu'il ait jamais donné d'une semblable faiblesse, c'est-à-dire de faire siennes des appréciations émanant d'autrui, chose fort différente du fait de prêter son concours à ses amis en rédigeant à leur place, soit à propos de matières quel-

(1) « Qu'on se rappelle un moment le mélancolique Jacques de *Comme il vous plaira* de Shakespeare, et l'on sentira combien, chez le personnage créé par celui-ci, *l'affection* parvient à lier avec charme les résultats ironiques de l'expérience, et toutes sortes d'ingrédients divers. »

conques, soit sur des sujets où l'on est d'accord avec eux. Depuis lors, lorsqu'on essaya d'obtenir de lui un jugement imprimé autre que celui dicté par ses propres opinions, en toutes circonstances il défendit courageusement envers et contre tous sa liberté de plume. Aussi la mémoire de Sainte-Beuve, — en tant que juge suprême au Tribunal des Belles-Lettres, — demeurera-t-elle entourée d'une légitime considération, car il sut associer un talent supérieur à ces mérites, peut-être plus rares encore : une conviction raisonnée et une probité absolue dans l'énoncé de ses arrêts littéraires.

III

LETTRES

DE

Mme DESBORDES-VALMORE

A SAINTE-BEUVE

1836-1855

I (1)

A SAINTE-BEUVE

Vous avez une plume, au vulgaire cachée,
Qui semble près du cœur, toute vive arrachée,
Comme si quelque oiseau, divin et familier,
Logeait dans ce cœur tendre, et s'y laissait lier!

Marceline DESBORDES-VALMORE.

(Sans date).

(1) Sauf un ou deux courts extraits, cités par le maître lui-même, ces lettres sont entièrement inédites et publiées ici scrupuleusement conformes à leurs autographes. Nous les avons seulement complétées par quelques notes indispensables à la parfaite intelligence du texte.

II

Lyon, 28 octobre 1836.

C'est au cœur de M. de Sainte-Beuve que j'envoie une des choses les plus faites pour le toucher.

Si je n'étais tout à fait malade en ce moment, je lui raconterais la triste et simple histoire du jeune infirme, qui ne marche plus, qui ne parle plus, et ne peut même signer son : *Ame,* qu'il adresse à son poète bien-aimé, vous, Monsieur, dont *les Consolations* ont souvent enchanté sa vie qui s'en va, à vingt-trois ans!

Les vœux les plus tendres pour celle de M. de Sainte-Beuve.

Marceline VALMORE.

III

Paris, 16 septembre [1837].

Le nom de M. de Sainte-Beuve est très beau et, de plus, il m'est devenu cher par la grâce et la bonté qu'il me rappelle. Mais c'est une tristesse de le trouver sur une carte, et cette tristesse-là, qui nous en consolera? L'auteur même des *Consolations,* n'est-ce pas, Monsieur? Vous pouvez en donner beaucoup, par votre présence. N'oubliez pas que vous l'avez promis, et que vous n'avez jamais dédaigné l'humble chambre de votre plus humble servante.

Marceline VALMORE.

IV

[Paris, avril 1840.]

L'hirondelle tressaille. Au premier rayon pur,
L'air tiède ouvre son aile.
Attentive, joyeuse, elle cherche un nid sûr.
Et nous cherchons comme elle.

Puis, quand elle a trouvé sous quelque toit dé-
Sous quelque pieux dôme, [sert,
Un coin voilé de mousse aux yeux du ciel ou-
Meublé d'un peu de chaume, [vert,

Elle jette un doux cri de grâces au Seigneur;
Et, redoublant de zèle,

Elle veut que son nid renferme tout son cœur.
Et nous voulons comme elle.

Alors, faisant sa place à chacun des enfants
Qui babille et qui saute :
« Ah ! dit-elle, au milieu de nos jeux triom-
« Il manque encore un hôte ! [phants,

« Il manque un rossignol et son chant tout
« Qu'apprit mon cœur fidèle. [amour,
« Oh ! j'oserai vers nous l'amener tout un
— Oserons-nous comme elle ?... [jour ! »

Elle vole, elle vole à l'asile chanteur,
Qui de loin charme et brille :
« J'inaugure mon nid. Venez de votre sœur
« Bénir l'humble famille.

« Quand on est tant aimé, dites, frère, aime-
« Au toit de l'hirondelle [t-on ?

Venez !... » Et du poète ailé la voix répond.
Oh ! répondez comme elle !

Ondine VALMORE (1).

Si vous n'avez pas donné le vingt-quatrième jour de ce mois, nous vous le demandons, à cinq heures après-midi. Je vous assure que nous éprouvons l'étouffement de ne pas vous voir et de vous croire malade.

Jugez de l'heure que nous demandons à vous faire partager : mon bon Valmore sera là pour serrer vos mains avec les nôtres ! Monsieur Chasles, qui va le remplacer à Lyon, vous présente ses adieux. Il n'a pu vous rejoindre nulle part.

Nous sommes en plein déménagement.

(1) « Ondine, qui en réalité se prénommait Hyacinthe, est morte à Passy, le 12 février 1853, âgée seulement de trente-deux ans, » écrit M. d'Heilly dans la *Revue des Revues* (N° du 1er novembre 1899). Dans le tome XII des *Nouveaux Lundis* (p. 168 et 209), Sainte-Beuve avait déjà donné ces renseignements. On sait qu'Hyacinthe était aussi l'un des prénoms de M. de Latouche.

Ma douce ambitieuse fille vous a chanté son invitation, après que nous avions pleuré de votre poésie. Ah ! qu'elle est belle ! Et pleine du mot : *toujours,* qui peint seul l'amitié que j'ai pour vous.

Marceline VALMORE.

Rue Saint-Honoré, 345, près la place Vendôme (1).

(1) Cette lettre est adressée ainsi : « A Madame de Sainte-Beuve, pour M. de Sainte-Beuve, rue Mont-Parnasse, 1ter, Paris. »

V

[Paris, jeudi, août 1841.]

IMPROMPTU

Si vous étiez toujours notre ange,
Et sans qu'un tel vol vous dérange,
Léger, vous viendriez demain,
A votre jeune sœur, serrer un peu la main.

Elle s'en va vers l'Angleterre,
Pour se reposer de la terre;
On la mettra sur un vaisseau,
Où je l'irai chercher, malgré ma peur de l'eau!
Là!

Je suis confondue de voir partir Ondine, même pour si peu d'instants.

Nous vous tiendrons une cuillerée de chocolat tout prêt, demain vendredi, de neuf à midi, si vous pouvez mêler cette douceur à mon sacrifice. Moi, je vais la chercher dans trois semaines, pour la ramener aux examens définitifs. Cette sage petite fille mérite bien d'aller regarder nos bons ennemis sous le nez.

Voici un livre de Mlle Louise Crombach (1). Cette charmante fille vous conjure de ne jamais gronder ce qu'elle fait pour son vieux père. Il est certain que cette intelligence vient toute du cœur. Les petits gâteaux qu'elle pétrit nuit et jour vont tous, en Franche-Comté, se placer sur les genoux de deux bons vieillards, père et mère, qui font le signe de la croix en bénissant Louise.

Je vous aime de la bonté que vous aurez pour elle. Les vôtres pour nous comptent pour l'éternité, où je serai encore votre attachée.

Marceline DESB[ORDES]-VALMORE.

(1) *Hélène et Laurence*, ouvrage en un volume.

VI

Paris, 4 septembre 1841. Onze heures du matin.

Un de vos quarts d'heure, s'il vous plaît, pour un affamé Bordelais, ami de mes amis.

Il veut vous voir, ne voir que vous, pour vous entretenir de son vaste plan, qui intéresse tous les littérateurs, et *lui*. Il s'agit d'éditer en grand les manuscrits et les réimpressions, etc. Je crois que c'est beau. Mais j'ai la tête, surtout le cœur, trop pressé pour comprendre des plans, quels qu'ils soient. Donnez vingt minutes, où vous voudrez qu'il vous trouve, à ce Monsieur, qui est très bien, très sobre du temps d'autrui. Si c'est chez moi que vous consentez à le voir, j'y gagnerai l'une de vos plus chères *consolations !*

Mon Dieu ! Pardonnez-moi ce jeu de mots ! Il va tout juste au moment présent; ma fille loin, je suis frappée d'étouffement. Mme Lefèbre aussi m'écrit des coups de poignard ! Une femme sans enfants ne vaut pas le quart d'un homme pour les mères. Elle me dit le mot : *dangereusement* malade, comme un autre mot! comme si l'on pouvait respirer après l'avoir lu !

[Marceline VALMORE.]

VII

Paris, 21 septembre 1841.

Je vous envoie la lettre de ma bien-aimée. Cette lettre a souffert du retard, étant venue par l'Ambassade. Je suis remplie d'indécision pour mon départ, et de regret de ne vous avoir pas vu l'autre jour. Qui me rendra cette heure perdue ? Qui me rendra les jours que ma fille passe sous les brouillards, loin des battements de mon cœur ? Il est évident que, sans oser le dire, elle s'ennuie, avec sa résignation ordinaire. Mais l'excellente fille de Mme Branchu est tellement absolue et menaçante quand j'hésite, que je dois maintenant n'attendre ma fille que quand ils voudront me la rendre, ce qui ne sera pas avant le 10 octobre, car elle ne revient pas avec Mme Branchu, qui sera, je crois, chez moi dans quatre jours. Quand je trouve une amitié qui ne m'étouffe pas, je suis à genoux devant elle, comme devant une fleur qui ne vous fait pas boire de force son parfum. J'ai des ailes partout, dès que l'on veut clouer ma volonté. C'est bien mal. Aussi, ces luttes se passent en moi. Je sens qu'Ondine demande à être ici. Mais le médecin dit que nous sommes deux sottes, et je me tais. Il y a d'ailleurs tant de bonté dans ces tyrans.

Vous allez porter la peine de la vôtre pour moi. M. Charpentier se réveille, fier de vos promesses. Aurez-vous le temps maintenant, quand il est si bon d'aller respirer dans les arbres? J'ai tressailli de joie, d'abord, du retour de M. Charpentier, parce qu'il m'ouvre le chemin de Londres et calme bien des angoisses. Mais vous? Votre liberté? Ce travail au milieu de tous les vôtres rabat ce mouvement de bonheur, qui menace votre indépendance. Je suis très inquiète dans mon amitié pour vous.

Marceline VALMORE DESB[ORDES].

VIII

Paris, 29 juin 1842.

Je ne vous ai pas écrit d'un faubourg de Rouen, d'où j'arrive. J'ai craint de gêner votre cœur en vous rappelant trop mon amitié dans le moment où je vous sentais mon juge. Il m'a fallu du courage pour ce silence, je veux que vous le sachiez, comme la part que vous tenez dans ma vie, si séparée de la vôtre à l'extérieur. Je m'en suis rapprochée à votre insu. J'ai écrit à Adrienne, qui nous est toute rendue, et je lui ai dit que vous étiez content de son tendre retour vers moi.

Il y a en vous une bienveillance de tous les temps, une pitié pour toutes les tristesses, que je n'ai rencontrées qu'en vous. C'est pour cela surtout que j'avais tant pleuré *Joseph Delorme*, et que je vous demeurerai fidèlement reconnaissante, ici et partout.

Hier soir, Monsieur Brizeux m'est venu voir en passant. Il avait le livre béni de votre nom, que vous ne pouvez plus séparer du mien, tout humble qu'il est. Vous venez de l'élever plus haut qu'il n'était jamais venu en moi de l'espérer. Demeurée seule avec le livre, dont j'ignorais l'apparition, je n'ai pas osé l'ouvrir. J'ai ressenti quelque chose de ce que l'on ressentira tout près du jugement dernier, car je n'ai point de peur du monde, que j'ignore ; mais j'ai peur de vous, qui savez tout ce que je ne sais pas.

Ce matin, j'ai ouvert le livre et n'ai pu finir cette notice. Vous m'avez bouleversée de mon propre malheur. J'ai pleuré, comme en quittant cette charmante mère perdue. Je n'ai pas de force pour lire davantage. Mais je n'aurais pas non plus de repos si je ne vous envoyais cette palpitation de mon cœur. Elle vous tiendra lieu, n'est-ce pas, de l'éloquence qui me manque pour vous dire la grande consolation dont vous relevez votre sœur.

Marceline VALMORE.

IX

Paris, 3 avril 1843.

Pardonnez-moi cette apparente négligence (1). Ce n'est pas ainsi que je voudrais reconnaître votre bonté toujours bien grande pour moi.

Je commence par vous dire que ma vie, *en Angleterre* (2), se loue du printemps et me promet de me payer un jour les tourments d'une telle absence. Je partirai quand Dieu

(1) L'envoi retardé d'une copie de vers à Mme Tastu. On peut les lire dans les *Poésies complètes* de l'auteur (édition Lemerre).

(2) Sa fille Ondine, encore en Angleterre en ce moment pour soigner sa santé.

daignera me le permettre. Je travaille à payer ce voyage, nécessaire à toutes deux. On fait croire à *cette* ange qu'elle retarderait sa guérison en passant la mer! J'irai, parce que j'étouffe!

En attendant, la mort me frappe de tous cotés. Je perds des amis très chers et je suis consternée d'affreuses surprises. Que votre bon cœur ne soit pas brisé comme le mien!

J'ai reçu de Bruxelles la certitude qu'*elle* reviendra dans quatre mois. Sa joie est charmante, et je n'ai pu trouver le temps, parmi ces deuils successifs, de lui répondre. Du moins elle est heureuse!

En transcrivant ces vers, je les trouve d'une monotonie amère. Ils disent tous la même chose. Retranchez les plus mauvais, dont vous jugerez mieux que moi. Ce serait mieux de dire à Madame Tastu (en prose) que je l'aime de tout mon cœur, et que je suis la femme la plus triste de ce monde.

Aimez-moi comme cela, car je prie pour que vous soyez tout le contraire.

Votre attachée servante,

Marceline VALMORE.

Ma chère maison vous chérit. Monsieur Ampan (1) m'a dit ce poème sur vous : « Ami volage et sûr ! »

(1) Peut-être : Ampère.

X

Paris, 25 avril 1843.

Vous n'êtes plus dans *Maria*, ou plutôt une autre partie de vous-même vient de s'y montrer, un coin plein de soleil et de fleurs qui n'ont jamais été cueillies. Cette vierge espagnole est une des plus belles qui apparaîtra jamais sous le voile de la poésie. Je ne peux pas vous dire ce qui monte au cœur en regardant ce tableau vrai. Inès, qui ne lit rien, l'a lu cinq fois de ses grands yeux tout ouverts, et je l'emporte à Londres pour sa sœur, que l'on veut détacher de ses adorations. Hippolyte, tout silencieux et soupirant dans un coin, vient d'essayer au crayon ce pur miroir des jeunes filles. Un jour peut-être, *Maria* apparaîtra au Salon. Mais les violettes, mais ce parfum de vous, personne ne vous les volera !

L'article de *Léonard* venant par-dessus m'a fait passer toute une nuit de larmes. Votre mère et nous tous vous cherchions dans des jardins interminables. On vous trouvait. Vous vous mettiez à rire. Votre mère en devenait rouge de tendre colère. Alors vous vous sauviez encore, et une jeune fille, un enfant sur les bras, s'en allait après vous, disant : « Moi je l'attraperai bien. » Puis la mer, puis le vaisseau, puis vos mains que je serrais avec indignation pour vous empêcher de partir, car enfin, *vous, vous êtes des grands poètes, de ceux dont la muse a plusieurs printemps.* Bien que le vrai s'y trouve, ce passage de l'article sur l'humble Léonard est d'une grandeur qui va jusqu'à Goethe et partout. Il s'ensuit de là que vous vous êtes regardé pleurer en riant. Mais, comme dans la musique, les notes qui pleurent sont celles qui vivent le plus. Eugène Delacroix le prouve par son

Christ au jardin des olives, dans l'église Saint-Étienne du Mont (1), et vous dans beaucoup de jardins aussi.

L'idée extraordinaire qui m'est venue en apprenant le bouleversement des terres de la Guadeloupe, c'est que ma mère était désemprisonnée, et je n'ai pu chasser cette joie (dont je demande pardon à Dieu), car l'insupportable de la mort, c'est le sépulcre pour ceux qu'on a tant aimés, c'est l'étouffement des corps après la liberté de l'âme! Je ne guérirai de cette oppression qu'en mourant. Où vais-je hasarder ce que je vous dis? mais n'entendez-vous pas tout avec indulgence, et attention même. Jésus-Christ n'aurait pas guéri une plaie sans cette grâce sainte.

J'en reçois à l'instant la preuve dans le mot que je vous envoie, de Pauline (2), qui se

(1) Le tableau de Delacroix ne se trouve pas dans cette église, mais bien dans celle de Saint-Paul-Saint-Louis, rue du Faubourg-Saint-Antoine.

(2) Mme Pauline Duchambge.

réveille pour m'écrire ce bonheur qu'elle vous doit.

Hier, pour la première fois j'ai vu votre mère. Je suis contente, et je suis brisée de chagrins nouveaux. Je pars, avec des difficultés infinies, pour aller presser Ondine dans mes bras, puis revenir sans elle. Qu'en dites-vous? Ou elle est en effet malade, ou l'on abuse de cette supposition pour la fanatiser, et me la prendre, à moi qui l'adore! Ce trésor toujours envié, toujours innocemment complice des chagrins qu'elle me cause, s'impose à elle-même comme un devoir ce qu'elle me fait souffrir par cette étrange absence, car choisit-on l'Angleterre pour la guérison de n'importe quel mal, et le sien venait du travail? Il lui fallait du repos en France, et moi je suis bien malheureuse! Lisez sa dernière lettre. Il est évident que c'est un ange, que l'on veut sans moi. Il n'y a pas un mot qui m'appelle dans la maison qu'elle habite, et je lui écris pourtant que je n'y descendrai pas sans y être invitée. Personne n'y pense, ni elle à revenir avec moi. On me punit bien d'être pauvre!

Marceline VALMORE.

Quand vous pourrez monter, vous me ferez du bien.

XI

Paris, 26 novembre [1844 ?].

Je pensais à vous écrire, quand j'ai vu venir votre lettre. Mon pauvre esprit vous cherchait pour se fortifier un peu contre le vôtre, qui me relève toujours.

Merci de ce que vous avez voulu. J'aurais souhaité que ce bonheur vînt par vous, qui avez pris l'habitude de nous aimer à travers toute cette froideur, qui me glace dans Paris. J'ai bien souvent tourné les yeux vers votre lampe, en voyant s'éteindre la mienne ! De qui voulez-vous que je me plaigne, quand vous restez bienveillant et bon pour des cœurs qui vous aiment ?

Monsieur de Laprade est à Paris, et vous herche avec des souvenirs lyonnais.

J'oubliais de vous dire que je savais, de grand matin, le rejet de la Comédie Française, qui avait chargé son secrétaire, M. Loraux, d'en instruire mon mari. Il paraît que j'avais eu l'imprudence d'espérer à mon insu, car je me suis sentie, tout le jour, plus triste qu'à l'ordinaire. C'est vraiment beaucoup dire! Nous ne sommes jamais aussi détachés que nous le pensons, et qu'il le faudrait une fois pour toutes.

J'irai remercier M. Martin du Nord, qui m'écrit, en effet, une bonne lettre, et qui dit m'attendre le 29.

Je vous aimerai toujours. C'est très bon d'aimer pour toujours; cela sent déjà le ciel, que je m'efforce de regagner!

Marceline VALMORE.

Ondine a bondi. Puis elle a repris sa résignation. C'est surtout pour elle que je souffre de tout. Elle a goûté de la richesse. Quelle chute, à vingt ans ! Son silence sur toutes les privations n'est que du courage. Elle était pourtant bien mal en Angleterre.

XII

[Paris, 27 février 1845] (1).

Ceci est la tendre fantaisie d'une enfant malade. Portez-la dans un coin de votre poche, aujourd'hui.

Inès m'a demandé, avec de longues hésitations et avec des larmes, de vous prier de ne pas rire de sa petite croix, qu'elle allait porter bonheur à la solennité pour laquelle elle prie depuis plusieurs jours. Cette sainte innocence vous fera sourire comme on sourit aux enfants.

Soyez heureux!

[Marceline VALMORE.]

(1) Jour de la réception de Sainte-Beuve par Victor Hugo à l'Académie française.

XIII

Paris, 28 février 1845.

Hier, durant trois heures, nos cœurs ont vécu pour trois ans. Tout a été suivant le vœu de ceux qui aiment votre dignité autant que votre gloire. Mon Dieu, que tout a été bien !

Vous avez fait une action, le matin, en faveur de cette petite vierge malade, qui me donnerait mille ans d'amitié pour vous, si vous ne l'aviez pour l'éternité !

Marceline VALMORE.

XIV

Paris, juin 1845.

Je ne savais pas être si abattue que je le suis. Une insomnie me fait comprendre toutes mes lassitudes et mes déceptions. Quand je me retrouve seule, je suis comme une femme qui vient d'accoucher d'un enfant mort. Je ne demande plus mieux que de m'en aller, à présent. C'est assez. Il y a bien longtemps que je l'avais compris. Je me suis efforcée au contraire pour mes enfants. Je les aime tant ! Et j'aime tant ce que j'aime !

Si vous sortez content de ce qui vous occupe, dites-le-moi.

Je mourrai peut-être sans pouvoir payer

M. Veyne (1), et je ne trouve pas de courage contre de telles pensées.

Je vous aurai beaucoup attristé dans ma vie, et vous me pardonnez, je le sais.

Marceline VALMORE.

(1) Le docteur Veyne, ami de Sainte-Beuve.

XV

Paris, 18 juin 1845.

Si c'est possible, rendez un bon office à Valmore. Notre ami Victor Augier rêve je ne sais quelle affaire commerciale, qui mettrait pour toujours mon mari loin du théâtre. Mais il veut tout d'abord en soumettre le projet à M. Creuzé de Lesser, afin de ne pas perdre son travail s'il devait y trouver des empêchements par d'autres commerçants établis. M. Augier vous demande l'appui d'une ligne qui réponde à M. le Préfet de son caractère d'homme d'honneur, afin d'arriver, sans les lenteurs de l'inquisition, jusqu'à cette autorité soupçonneuse. On a des peurs étranges d'être pris pour des je ne sais quoi, en se présentant tout d'abord à ce grand Rhadamante.

Voilà ce que j'avais à vous demander, et vous voyez qu'un rayon consolant traverse toutes nos nuits. Ne sera-ce pas ainsi dans le Purgatoire? il y aura une fente par où la lumière pénétrera. Je n'aime et ne comprend de Dante que cette attente mélancolique des âmes, dont il n'a pas su expliquer le bonheur. Tout celui de la terre est de croire à la sincérité de quelques autres, et je vous en remercie.

Marceline VALMORE.

Hippolyte va être placé! Il a une fierté si tendre que la mienne en pleure!

XVI

Paris, 20 juin [1845].

Je comprends bien tout ce que vous m'écrivez, et je m'en veux de vous avoir mis dans la nécessité de cette explication. Mais il faut aussi que tout ce que je fais vous soit expliqué, afin que vous me le pardonniez. Notre ami se trouvait-là, un soir, où, s'expliquant votre appui dans ma visite suppliante pour cette pauvre demoiselle, ce souvenir d'obligeance lui est demeuré, et le cœur lui a dit de mêler votre nom au sien pour obtenir le grave accès.

Je lui ai dit de suite vos raisons qu'il approuve, et je vous remercie d'en avoir pris le soin... Je laisse présentement tout aller au flot, comme j'ai vu faire d'un vaisseau, dans une tourmente où l'on ne voyait plus clair. Je me rappelle pourtant que l'on y faisait encore la distribution des vivres. On s'en allait à la grâce de Dieu et l'on mangeait. Je regardais tout, liée dans des cordages !

Je vous aime beaucoup, puisque j'ose vous écrire tous ces reflets sans suite de mon passé, dont vous ne riez pas. Inès, Ondine, et tout ce que j'aime vous aime.

Marceline VALMORE.

XVII

Paris, 24 septembre 1845.

Votre terrible journée me pesait sur le cœur. Je ne savais que devenir hier. En rentrant, à minuit, de mes adieux à Mme Lucien, on m'a remis en bas le triste billet noir qui m'avait poursuivie, car je pleure celui que vous aimez, puisque vous l'aimez. Quelle consternation !

Je demeure par dessus inquiète de votre santé. Rien ne manquait à ce deuil ; le temps était navré aussi. N'en ressentez-vous pas de mal ? Nous souhaitons vivement le savoir, car nous sommes bien à vous !

Marceline VALMORE (1).

(1) Les obsèques de Charles Labitte, auxquelles cette lettre fait allusion, avaient été célébrées le matin même.

XVIII

Paris, 17 août 1846.

C'est peine et joie qu'une lettre comme la vôtre. Je sens que vous souffrez, que la vie n'est pas toute pleine dans vos chères mains.

Je me suis sentie quelques heures si mal, que je ne veux pas essayer de vous le dire.

Je possède Ondine jusqu'à jeudi. Alors elle part, j'espère pour aller donner ses vacances à son triste père absent; — une santé défaite, un sort défait, Dieu seul les rajuste! Ah! je vous aime bien, puisque vous êtes toujours dans ma pensée, surchargée de tant de douleurs. Inès a voulu votre lettre pour toujours. Je n'appuie pas sur elle en vous la nommant. Vous affliger m'est odieux. Envoyez-moi, si vous pouvez, une ligne, qui sera comme une lumière pour Hippolyte, mon cher camarade de chagrin. Il va tenter le baccalauréat. M. Patin ne sera-t-il pas son juge, ou d'autres effrayants que vous humaniserez ?

Je n'y vois guère qu'à vous aimer, ce que fera mon âme quand elle sera partie.

Marceline VALMORE.

Je vous dois Monsieur Veyne. Grand bienfait dans cette terrible épreuve !

XIX

Paris, 22 février 1848.

Voici ce que je pourrais vous dire, véritable Saadi de nos climats : « j'avais dessein de vous rapporter des roses; mais j'ai été tellement enivrée de leur odeur délicieuse, qu'elles ont toutes échappé de mon sein. »

Si vous saviez quelle détresse cachée vous venez d'adoucir, vous tressailleriez dans votre âme d'une joie divine, je tremblais quand vous m'avez quittée. Je n'ai pu vous rien dire. Vous étiez aussi très ému, je le crois, et vous deviez l'être, même ignorant l'étendue de la peine que vous veniez secourir. Un pauvre athée n'eût pu résister à cette preuve de l'existence de Dieu.

Ondine, que son père est allé chercher hier soir, n'a pas voulu venir à cause de son devoir.

Cette chère vie absente a d'étranges courages.

Je vous écris dans un tumulte de cœur. Voilà tout le peuple qui passe en criant. Je l'aime bien! Vous trouver au milieu de moi-même durant ce trouble, c'est une des preuves les plus vraies que je pourrai jamais vous donner que vous m'êtes très cher, et que la reconnaissance est dans la vie qui me reste!

Je prie pour le peuple et pour vous, pour l'ombre charmante de Madame Récamier! Les anges m'entendent!

[Marceline VALMORE.]

XX

Paris, le 29 octobre 1849.

Je vous envoie ce livre (1) avec un grand serrement de cœur, sans espérer que vous ayez le loisir d'y jeter sérieusement les yeux, et ne me résignant pas à l'idée que votre amitié seule le protège où j'ose l'envoyer. Dieu sait, et vous aussi, n'est-ce pas, si c'est l'orgueil qui me donne un pareil courage !

Mais je ne voudrais pas, au prix de tout au monde, que votre appui fît gronder votre conscience, et j'aime bien mieux subir toutes les conséquences de la détresse inouïe où le sort me livre, que de tenter votre justice en vous demandant de protéger un mauvais livre.

(1) Elle sollicitait un prix d'Académie pour son volume : *les Anges de la Famille,* prix qu'elle obtint.

Comme c'est uniquement pour quelque argent que j'ose *aspirer* à ce que je n'ai jamais souhaité de ma vie, je continuerais de demander l'aumône à Dieu plutôt que de vous faire mentir une fois, même en faveur de nos souffrances.

Soyez bien heureux de vos gloires, qui me font du bien, quoi qu'il en soit. L'article charmant et douloureux sur l'*Abbaye au Bois* m'est arrivé par Madame Bascans, et personne n'ose se plaindre de ne plus vous voir en vous lisant ainsi !

Marceline VAL[MO]RE.

XXI

[18 mars 1851] (1).

Un grand accablement m'a empêchée de vous répondre. Pardonnez-moi, je l'ai essayé plusieurs fois; mais dans quel coin de mon

(1) Cette lettre répond à celle de Sainte-Beuve, publiée par M. Arthur Pougin, page 107-108 de son intéressant volume : *la Jeunesse de Mme Desbordes-Valmore* (in-12, Calmann Lévy, 1898). Mais la date que M. Pougin attribue au message du critique, — le 7 mars 1847, — ne peut être que doublement inexacte, M. de Latouche étant mort seulement le 9 mars 1851.

Une autre date imprimée dans le même ouvrage, — celle du 7 décembre 1844, placée en tête d'une lettre de Mme Desbordes-Valmore à Mme Pauline Duchambge, — est aussi tout à fait erronée. C'est le 7 décembre 1841 qu'il faudrait lire, car, dès 1869, Sainte-Beuve avait mis au jour, avec son millésime exact, des fragments de cette lettre. (Voir page 226 du tome XII de ses *Nouveaux Lundis,* et voir aussi p. 62 du tome II de la *Correspondance intime de Mme Desbordes-Valmore.*) Il y est question d'une création que Balzac réservait à Mme Dorval dans une pièce qu'il achevait pour l'Odéon. Le fait est

sort laborieux trouver de la solitude pour me recueillir?

exact. Le rôle de la Brancador, l'héroïne des *Ressources de Quinola* (Odéon, 19 mars 1842), fut en effet écrit pour la grande artiste romantique. Mais elle ne le créa pas plus que celui de *la Marâtre*, également conçu par Balzac en vue de l'admirable interprète des œuvres d'Alexandre Dumas, de Victor Hugo et d'Alfred de Vigny.

A propos de la réponse si touchante, si mystérieusement troublante, faite ici par Mme Desbordes-Valmore aux questions de Sainte-Beuve sur M. de Latouche, et, bien entendu, sans vouloir tirer de cette page émue aucune conclusion, citons ici deux ou trois renseignements curieux, empruntés au tome premier des *Cahiers* manuscrits de l'auteur de *Port-Royal,* et à l'une de ses lettres inédites à Ulric Guttinguer.

Voici d'abord quelques lignes, découpées dans une missive de ce dernier écrite en juin 1838, et fixées par Sainte-Beuve dans le *Cahier* en question :

« Vous voilà donc, mon cher ami, dans les vers de Mme Valmore, bien jolis par doux éclairs, et, comme des éclairs, étincelants dans l'obscurité. Vous y rencontrerez *le Loup de la Vallée,* dont elle ne s'est pas encore réveillée, dit Mme Duchambge, et pour qui ont été exhalés tous ces beaux élans de passion désolée, qui la mettent tant au-dessus et au-dessous des autres femmes. C'est l'André Chénier femelle, et le malheur, fiction, hélas! et réalité! »

Sainte-Beuve indique sur l'autographe de son ami qu'il s'agit de « Latouche », l'ermite de la Vallée aux Loups,

Pensez, cette fois, que c'est presque sur une tombe qu'il faut demander un peu d'ordre

résidence qu'il habita après Chateaubriand. L'auteur de *Volupté* complète aussi tous les noms, dont les initiales seules sont inscrites dans le texte. Ce court fragment fait allusion à l'article qu'il préparait sur *les Pleurs*, poésies par Mme Valmore, et qu'il publia dans le numéro du 1er janvier 1839 de *la Revue des Deux Mondes*. Sa réponse à la lettre de Guttinguer, réponse datée du 2 juillet 1838, renferme le passage suivant :

« Je ne savais pas que ce fût pour *le loup* que *la colombe* avait tant gémi. Je ne m'étonne plus que, l'autre jour, elle m'en ait parlé. « Il est bon, » me disait-elle ; « il n'aspire plus qu'au profond repos. » Elle veut me le faire connaître. En vérité, je ne le crains pas trop. Quel mal peut-il faire désormais, ou même vouloir ? Nous sommes un peu tous des débris. »

Enfin, à la page soixante et une du même *Cahier*, on lit cette intéressante affirmation, écrite certainement par le maître vers 1839 :

« L'amant-poète, célébré dans les élégies de Mme Valmore, est Latouche, et celui des élégies de Mme Dufresnoy est Fontanes. »

Voici maintenant le texte corrigé de la lettre de Sainte-Beuve à Mme Valmore citée par M. Pougin :

« 12 (?) mars 1851.

« Chère Madame,

« Si ceci vous ennuie le moins du monde, tenez-le pour non avenu.

« Il est mort, ces jours-ci, un de vos anciens amis sur

à mon esprit abattu. Comment oserais-je, de là, juger celui d'un autre? Quel jugement peut-on écrire avec des larmes dans les yeux?

Oui, vous avez raison, ce serait par *éclair* (1) à mon insu, que vous saisiriez les impressions gardées dans ma mémoire, la mémoire com-

qui je voudrais écrire avec impartialité et justice, laissant de côté le caractère et ne m'occupant que de l'esprit et du talent. Et qui mieux que vous peut m'en parler et m'en donner l'idée et l'*éclair?*

« Vous me l'avez fait rencontrer chez vous un jour. Nous nous sommes traversés sans jamais beaucoup nous rejoindre! Vous deviez être le lien, et le lien n'a pas tenu.

« Aujourd'hui, s'il ne vous est pas trop désagréable de m'écrire un jugement senti sur ce brillant, coquet et inquiet esprit, rendez m'en l'impression vive, poétique, indulgente, comme il sied envers ceux *qui ont fait moins de mal qu'ils n'en pouvaient faire.*

« Encore une fois, laissons l'homme, et ne nous souvenons que du charmant et séduisant esprit qui a été si près du talent. N'est-ce pas ainsi que vous jugez au fond M. de Latouche?

« A vous, chère Madame, à vous et aux vôtres, de loin comme de près, et toujours.

« SAINTE-BEUVE. »

(1) Les mots soulignés dans cette réponse sont empruntés à la lettre même de Sainte-Beuve.

primée, de cet esprit incompréhensible qui vous occupe. Mais nous ne nous voyons pas. Comment faire? Votre voix me ranimerait et je trouverais des paroles pour vous répondre. Ici, je suis trop en moi-même. C'est vraiment un triste asile, et je ne voudrais pas mêler un mot de tristesse personnelle à ma lettre. Mais je suis frappée à terre par tant de pertes irréparables! Ces cris sourds m'atteignent de partout comme une terrible électricité, et je sens bien que personne ne me tient compte de ce dernier coup de foudre, — que Dieu peut-être, qui sait tout, qui plaint tout! J'étais déjà en deuil, et à peine ai-je soulevé le voile qu'il faut le rabattre sur son âme, et je n'en peux plus!

D'ailleurs, je n'ai pas défini, je n'ai pas deviné, cette énigme obscure et brillante. J'en ai subi l'éblouissement et la crainte. C'était tantôt sombre comme un feu de forge dans une forêt, tantôt léger, clair, comme une fête d'enfant; un mot d'innocence, une candeur, qu'il adorait, faisait éclater en lui le rire franc d'une joie retrouvée, d'un espoir rendu. La reconnaissance alors se peignait si vive dans ce regard-là, que toute idée de peur quittait les timides. C'était le bon esprit qui revivait dans son cœur tourmenté, bien défiant, je crois, bien avide de perfection humaine, à laquelle il voulait croire encore.

Il semblait souvent gêné de vivre, et quand il se dégoûtait de l'illusion, quelle amertume revenait s'étendre sur cette fête passagère !... Admirer était, je crois, le besoin le plus passionné de sa nature malade, car il était bien malade souvent, et bien malheureux ! Non, ce n'était pas un méchant, mais un malade, car l'apparition seule d'un défaut dans ses idoles le jetait dans un profond désespoir, ce n'est pas trop dire. Il en avait un quand nous l'avons connu. Jamais il n'en parlait ouvertement dans nos entretiens, qu'il cherchait sans doute pour distraire un passé plein d'orages. Quelle organisation fut jamais plus mystérieuse que la sienne ! Pourtant, à force de charme, de dou-

cœur sincère, mon oncle, qu'il aimait tout à fait, mon oncle, d'un caractère droit, pittoresque et religieux, le jugeait simple, candide, affectueux. Il l'a été! Il l'a été! Et heureux, et soulagé aussi de pouvoir l'être par cette affection toute unie!

On l'a cru jaloux, littérairement parlant. Il ne l'a jamais été. Mais injuste, prévenu, oh oui! Sa colère et son dédain étaient si grands, quand il se détrompait d'un talent, d'une vertu, d'une beauté, dont la découverte et la croyance l'avaient rempli de tant de joie! Après, quelle ironie contre sa propre simplicité! Comme il se déchirait d'avoir été volé, disait-il, par lui-même! Il souffrait beaucoup; croyez-le et ne l'oubliez jamais. Il s'attendrissait d'une fleur et la saluait d'un respect pieux. Oui. Puis, il s'irritait d'oublier qu'elle est périssable. Il levait les épaules et la jetait dans le feu. C'est vrai.

La politique ardente n'a-t-elle pas beaucoup aigri l'aménité native mêlée à son énergie? Je l'ai souvent pensé. Un désintéressement incorruptible, qui lui eût fait supporter la misère sans une plainte, l'a rendu sans pitié pour les faiblesses de l'ambition, ou l'indolence, — qu'il appelait crime, — dans le sentiment patriotique. Le secret de ses grandes solitudes est peut-être là.

La patience minutieuse au travail était portée chez lui à un excès fatal à sa santé, comme à ses succès. Il s'y clouait en martyr. On eût dit alors (je le sais par d'autres que moi) que son cœur et sa tête s'emplissaient par degrés de fumée, et qu'elle étouffait quelquefois l'élan, l'abandon, le fluide, de l'inspiration, que c'était alors comme une lampe qui n'a pas d'air. Si je dis mal ce qu'il me semble, vous devinerez le dessous. Ce n'est pas faire de la critique, mon Dieu! Mais c'est plaindre son malheur et sa torture!

Son enthousiasme pour la littérature allemande et pour la transformation de la vôtre l'a beaucoup subjugué. Depuis, j'ai osé m'étonner que sa poésie, bien qu'élégante, mais cérémonieuse peut-être, se fût à peine dégagée de l'esclavage dont il avait horreur, comme le prouvaient ses transports d'admiration pour les hardiesses cavalières de M. de Musset et les nouveautés de vous tous, qui le ravissaient d'espérance !

Depuis lors, je n'ai plus rien su de distinct, ni pu regarder de près ce génie, devenu si amer. C'est par échos lointains, rares, tristes aussi, qu'il nous cherchait. Son livre de *Clément XIV* nous a rappelé ses entretiens les plus charmants avec mon oncle, qui l'excitait. *Fragoletta* m'a remplie d'étonnement et de terreur. *Grangeneuve* nous a ramenés depuis à nos instincts de le plaindre et d'espérer pour lui. Depuis, peut-être à force de contenir son imagination et sa parole écrite, il en a trahi la liberté et l'éclat. Ses derniers livres, je n'ai pas osé les lire !... Je vous le redis, peut-être inutilement ; mais son esprit *parlé* était plus irrésistible quand il se croyait bien écouté et bien compris, et qu'il respirait de sa maladie noire. Seul, il songeait trop au public, qui juge à froid, juge formidable et sans appel! La flamme souffrait alors d'une rêverie trop longue. L'épouvante du ridicule paralysait l'audace qu'il applaudissait dans les autres. Il n'était pas homme à subir les humiliations de la terre, et il ne courait plus par l'effroi de tomber!... Pour lui, plutôt périr immobile que d'exciter le rire en s'aventurant, ce rire qu'il n'épargnait pas toujours, dont il se repentait souvent! Ne le croyez-vous pas aussi? N'avez-vous pas bien judicieusement observé qu'il est loin *d'avoir fait le mal qu'il pouvait faire?* C'est d'une justice et d'une charité profondes ce que vous dites là.

Quel immense empire n'a-t-il pas dû obtenir sur ses colères? Quelle grandeur silencieuse de ne s'être pas vengé, lui dont l'orgueil brûlant s'est cru tant de fois si mortellement offensé, car le craindre, c'était l'insulter! Il faut trouver dans ce courage qu'il a eu, muet et solitaire, de quoi racheter toutes les larmes qu'il a fait couler. Vous le pensez, n'est-ce pas? Oh! pensez-le, dites-le, comme vous savez tout dire, pour être équitable, car il y a des choses qui sont entendues entre ciel et terre, et qui peuvent consoler partout !

Décidez si cette âme ombrageuse n'a pas limité elle-même son essor, si les souffrances du corps n'ont pas obscurci cette gloire, qui s'annonçait si haute!

Voilà tout ce qu'entre vous et moi je puis formuler de ma pensée... En quoi peut-elle aider la vôtre? Du moins, dans ce monde et partout, c'est ainsi que je vous la dirai toujours, parce que je crois en vous, à votre indulgente amitié pour la mienne, et pour l'obscurité de ma raison.

Marceline DESB[ORDES]-VALMORE.

XXII

Paris, 10 juillet 1855.

J'avais vu cette chose bouleversante en plein soleil : une grosse masse noire couverte de larmes. J'en étais immobile, et l'on me dit : « C'est Madame T... »

Ce que j'ai appris en plus n'est pas à vous rendre. C'est l'abandon, l'inertie, le dernier malheur, une vieille enfant, disant avec douceur : « On me laisse comme cela, » avec deux ruisseaux de larmes incessantes.

Vous savez que la pitié me tue. Je n'ai pensé qu'à vous, par toute celle que je vous sais au fond du cœur, et c'est moi (grâce et pardon !) qui vous ai désigné à ce pauvre catafalque dédaigné. Dieu le regarde, comme tout le reste ! Son vieux mari pleure peut-être entre terre et ciel, où il n'est pas encore entré. Cette croyance me déchire, et c'est pourquoi je pardonne tout. Mais à qui confier ces secrets qui me rendent si tendre? Vous savez tant de choses de moi, dont vous n'avez jamais ri, que c'est toujours vous que j'appelle et que j'appellerai pour secourir le malheur, à qui je ne peux rien donner. Je vous en ai tant fait secourir ! Et Dieu ne vous en grondera jamais !

M. Lacaussade a pu, je crois, vous exprimer un peu son anxiété, car je ne pouvais pas plus me taire que parler, et pour finir ce mortel embarras, je lui ai dit de vous porter les premières paroles. Après quoi je vous écris ce que je pense. Qu'est-ce que cela fait, si le nom n'est plus aussi pur qu'il eût dû rester? Cela les regarde, au grand procès des âmes! Ici, le devoir est d'aller au secours. Vous m'en avez accordé bien d'autres ! Aussi, je vous aime beaucoup, en dehors de tout ce qui fait votre gloire de ce monde.

Marceline DESBORDES-VALMORE.

Que les anges nous fassent réussir! Je crois qu'ils regardent tout ce que nous faisons *pour eux* (1)!

(1) Mme Desbordes-Valmore est morte à Paris le 23 juillet 1859.

FIN

TABLE

PARIS
TYPOGRAPHIE PLON-NOURRIT ET Cie
8, rue Garancière